　　他是土生土长的义乌人，在生产队干过活、摆过地摊、开过服装厂，却在生意最红火之时转向服装辅料、彩印包装等领域。一次大胆的冒险，他踏足了全新又完全陌生的领域，也开启了人生新的征程。2012年，华灿光电在深交所挂牌上市；2016年，他带着华灿光电项目回归义乌，在义北苏溪燃起一座光亮之城。

引领

　　周福云也经历过吃不饱饭的艰苦生活。

　　为了一口饭吃，周福云在还是学生的时候就在生产队干活。1979年毕业以后他开始远赴江西打工，摆地摊做小生意。他还记得1980年的春节前夕，他一个人在江西的一个村里面卖气球。那几年江西的所有地区他基本上都去过。

　　1984年，结束了四年的漂泊生活回到家乡义乌找了一家化工厂上班，总算是过上了一段还算得上"安逸"的日子。

　　但周福云似乎并不喜欢，并且也觉得没什么前途。

　　在工厂待了两年时间的周福云决定下海经商。他筹来几百块钱，雇了四个工人开办了一家服装厂。说是服装厂，其实也就是几个人的小作坊，自己设计款式自己生产然后在小商品市场摆摊售卖。

　　周福云厂里生产的每件衣服都被烙上了"周氏风格"的印记，独特的绣花领、军装风的袖子、个性鲜明的纽扣，周福云在服饰细节和款式上从未停止过创新。慢慢地，"周氏风格"的服装成了抢手货。

1989年，义乌小商品市场举办过一次质量评比，评出了两家"质量信得过"摊位，周福云的服装摊位就是其中之一。那时候生意特别好，做出来的服装都能卖掉。生意最好的时候，常常是顾客要排上十天半个月才能拿到货。

但偏偏在服装生意最是红火的时候，周福云做了一个让身边人都大跌眼镜的决定：不做服装了！家里人不能理解，但是周福云觉得，服装生意既麻烦又挣钱不多，还不如去做服装辅料。

不顾家人的反对，周福云停了自己的服装生意开始固执地做服装辅料。幸运的是，周福云的辅料生意做得风生水起，在整个义乌都挺有名气，甚至在全国都排的上名号。

服装辅料生意正蒸蒸日上，1996年周福云却又开始办起了塑料彩印厂。

图 / 周福云

在做了两年彩印后干脆直接把服装辅料停掉专做印刷包装、礼品包装，走外贸这块。

2000年又开始做纸张彩印，他的每一步都处在义乌市场领先之列。

"做任何产品都要始终有超前意识，决不能去模仿，只有创新，才能引领。"周福云说。"联云彩印"推出的PP礼品袋、纸袋，都在义乌市场掀起了一股热潮，引领了行业走向。周福云甚至在很长一段时间内，都引领了整个市场的走向。"那时候我做什么，别人就跟着做什么。"

或许，正是这"早一点"意识，让周福云始终能紧扣义乌市场发展脉搏，在竞争浪潮中立于不败之地。

冒险

2005年，是周福云的全新开始，也是一段新征程的刺激冒险。

那时候，周福云已经是小有成就的实业家。在朋友的介绍下，他结识了6名从美国留学回来的博士。他们希望周福云可以投资他们的新项目——LED。

"LED是什么？我完全不知道，也从来没有接触过。"

在此之前，周福云跟高科技是完全挂不上边的。

不仅仅是周福云，当时LED行业在全国乃至全世界都还处于一个相对萌芽的阶段。毕竟在1994年，日本科学家才研制出了第一只蓝色LED；1999年有了白色LED；直至2006年，才生产出第一个每瓦100流明的发光二极管。

他们跟周福云讲LED的未来发展前景：LED灯以后可以替代所有光源，以后的灯泡都要换成节能的LED灯。周福云当时听了以后心里就只有一个念头："符合国家节能减排概念的LED产业，肯定是一个朝阳产业。未来这个市场一定会很大，只要有市场，这个生意肯定能做大。"

但周福云不知道的是，这个项目背后要投入巨额的资金。

启动这个高科技项目，至少需要8000万元资金。仅凭周福云一个人的力量，是拿不出这么多钱的。为了筹集资金，周福云邀请了7位朋友入股。"当时想得特别好，大家每人投资一千万元。"然而，令周福云没有想到的是，前一天晚上刚刚做好的决定在第二天的时候大家就纷纷打起了退堂鼓。他们觉得，风险太大了。投资一千万元到一个看不见的项目上去，并且还要不停地投钱，谁也不愿意跟着周福云冒这个险。

他也曾陷入深深的矛盾中。投，要把自己所有的积蓄搭进去还不确定是否真的有市场；不投，自己也许会永远错失接触高新技术的机会。周福云觉得，人有时候总要跳出自己的一个舒适区，去冒一下险。

经过深思熟虑，周福云觉得LED行业一定是有广阔前景的，如果等到项目成熟了以后再投资未必有现在发展的好，倒不如自己走在别人的前面。

筹不到大额资金，那就有多少钱办多少事。于是，他一个人筹资，在没有任何协议的情况下仅仅是认准了这6名博士的人品和才华，便直接给了500万元让他们先去把公司做起来，所有事项全部都交给他们自己来管理。

考察了上海、山东等地后，最终武汉市政府抛来了橄榄枝，一系列的优惠政策以及高科技产业园区的优势，大家决定把公司落户在武汉光谷。

2005年，华灿光电股份有限公司正式成立。

虽然所有资金都来源于周福云，他却只拿了公司30%的股份，另外70%的股份以技术入股的形式归6个海归博士团队。他觉得，给大家足够多的股份可以更加用心地办事。

涅槃

2007年，是周福云最艰难的一年。

自华灿成立伊始，周福云就一直在筹备资金。一边借钱一边融资，用以支撑华灿的巨额资金链。他笑说，"你不要看我们现在做得挺好，说起来云淡风轻，但其实华灿也面临过很多次破产危机。"

巨大资金链压得他喘不过气来。一方面，在义乌跟着朋友一起投资金融行业的几千万元打了水漂；另一方面，银行贷款也迟迟无法到账。与此同时，华灿光电这边又亟须资金的补充。

为了稳定军心，周福云坚定地告诉研究团队，"你们只要把技术做好，所有的钱我来找，你们不用担心。"

他只能东拼西凑来支撑华灿，咬牙挺过了这一年。

2008年，为应对全球经济危机对中国造成的影响，政府部门出台了一系列政策，其中包括四万亿计划。得益于此项政策，当时不少企业都得到了政府补贴。周福云联系义乌当地的一些企业，说服他们投资华灿光电终于筹到了两千万元。

华灿算是挺过了这道难关。

但两千万元对于华灿来说，在巨大的资金链面前依然犹如杯水车薪。

趁此机会，周福云坚持扩大生产，"当时LED规模小，金融危机对我们的影响不大。不扩，我们亏得更多。"

幸运的是，2009年LED产业迎来春风，得益于华灿光电的扩产，销售额每月翻番，年底盈利2800多万元。2010年，华灿光电年毛利达到1.1亿元。2011年，获净利润1.23亿元。2012年6月1日，华灿光电股份有限公司成功在深交所上市。

短短几年时间，发展成为行业内第二大规模公司。春晚、世博会等大型活动使用的巨型LED显示屏芯片，都由华灿公司生产。

2015年，在LED行业不好的情况下，周福云又加大投资，加之2017年和2018年产品供不应求，巩固了华灿在全球第二的地位。

他似乎每次，都能踩到点上。

2019年，华灿突破多项技术发布新一代Mini LED芯片产品。

图 / 华灿光电股份有限公司

在未来技术方面上，华灿光电全面发展新一代显示芯片专利，从外延结构、芯片结构、工艺生产流程等方面全方位布局。截至2019年6月30日，取得495项专利（发明专利415项，实用型79项）。

在华灿，有一个100多人的技术研发团队。不仅如此，周福云还广招国际化人才。"如果没有新产品，后续扩大是很难的。"所以华灿光电会提前几年研发后续的产品，周福云认为，产品都是有周期性的，所有的东西没有更新没有创新肯定是不长久的，一个企业的研发对一个企业的发展至关重要。

回馈

2016年，周福云带领华灿回归义乌，总投资60亿元的华灿光电LED外延、芯片和蓝宝石加工项目如愿落地义乌。这一回归填补了义乌乃至全省LED产业链上游的空白，发展和带动了整个信息光电行业下游的产业链，并将促进义乌财政收入的持续增长，对义乌制造业转型升级起到重要作用。

2018年，华灿光电再投资了108亿元建设先进半导体等器件项目。迄今为止，华灿光电在义乌的投资达到168亿元。在华灿光电落户义乌后，周福云积极引进了瑞丰光电、木林森、英特来等LED龙头企业和光伏企业爱旭太阳能、东方日升等，这也标志着义乌光电全产业链的初步形成。

华灿光电义乌厂区也成为亚洲单产最大的LED芯片生产厂区。

然而在最开始，华灿董事会是极力反对在义乌建厂的。

2015年下半年，义乌市政府要求义乌工业园区招大引强，当时的园区主任找上门来，周福云那时候并没有在义乌投资的打算。一方面，义乌不具备高新科技的发展环境，基础薄弱，完全没有优势；另一方面，人才资源缺乏。此外，当时的整个市场行情发展并不景气。

但周福云觉得，义乌有市场，并且义乌政府的招商力度比较好。于是他就召集董事会，果不其然被董事会全票否决。

但周福云坚持认为义乌有市场，他跟董事会解释："义乌是全球最大的小商品集散中心，被联合国、世界银行等国际权威机构确定为世界第一大市场，全世界的人都在义乌进货。义乌融资相比其他地方都要好，加之义乌政府给企业的政策也不错。"

不仅如此，周福云还把董事会的人带到义乌来参观，和他们单独谈。终于说服了董事会同意来义乌投资。

2016年正式开始在义乌建造厂房，不到一年时间就正式投产。

曾经都是农田的这块地，仅用短短两三年的时间就全部建起了厂房。义乌现在算是形成了一个完整的光电产业链，形成了义乌高新区。周福云表示："争取要让义乌人掌握LED行业的话语权。"

周福云用事实证明，到义乌是正确的选择。

从最初的8个人到现在的8000多人；从一间办公室到现在拥有武汉、张家港、义乌、玉溪、无锡五大生产基地。有人戏称，周福云的成功，其实就是靠着那么一次成功的投资。但要想把步子迈得更大，不仅要有眼光，还得需要过人的胆识与勇气。

比尔·盖茨曾说过这样一句话，人们通常会高估两年内的变化，而低估未来十年的变化。在LED高端显示市场也是一样，未来显示，超乎想象。

END

楼仲平

25年造就全球吸管大王

楼仲平：义乌市双童日用品有限公司董事长；《聚丙烯饮用吸管》行业标准的编制起草人；《聚丙烯饮用吸管》国家标准的编制起草人；《电子商务交易产品信息描述食品接触塑料制品》国家标准的编制起草人；《聚丙烯饮用吸管规范》国际标准的编制起草人；全国食品直接接触材料及制品标准化技术委员会（SAC/TC397）委员；工业标准化中级工程师；浙江理工大学硕士研究生校外指导教师；浙江师范大学创业导师；义乌工商学院客座教授；义乌市创业导师；全国优秀创新创业导师；浙江省优秀企业家。

人在步入中年之后，很容易变成旧世界的捍卫者。54岁的楼仲平似乎对此并没有什么兴趣。

他玩微博、拍抖音，和年轻人打成一片，紧跟当下时代潮流；他喜欢读书，学德鲁克管理、读亚当·斯密、读《乌合之众》……办公室书架上的那本《国富论》已经快被他翻烂了，书里密密麻麻的都是一遍遍的读书笔记。

世人称他为全球"吸管大王"，26年精耕细作，成就传统制造企业奇迹。

目前，双童吸管年产吸管7000多吨，产值近2亿元，拥有全球塑料吸管行业三分之二的专利，包揽制订了全球吸管行业的所有标准。

图 / 楼仲平

"你们不要把我当董事长，我不是来讲创业故事的。想听创业故事的人可能要失望了；不要看我头发没多少，我可能比你们还年轻，因为现代社会已经不再按照生理年龄来定义一个人了。"这基本上是楼仲平每次演讲时的开场白。

与其说楼仲平是一名实业家，倒不如说他更像是一位学者型的企业家。

当大多数企业都在想着如何快速发展之时，他却想着如何让企业活下来。

"吸管大王"的诞生

人们都喜欢称楼仲平为全球"吸管大王"，也许注定了这辈子要与吸管打交道。其实，连楼仲平自己也没有想到，在辗转大半个中国，经历了长途贩运、养殖、服装等20多个行当后，从1994年开始用25年的时间，把一根吸管做到了全球第一。

手摇拨浪鼓，肩挑货郎担，上门收禽畜毛骨以获取微利，义乌"敲糖帮"存在于很多南方人的记忆中。两年前大火的电视剧《鸡毛飞上天》男主角陈江河，便是（部分）取材于楼仲平的这段成长经历。

改革开放前，义乌以物易物的"鸡毛换糖"已有长久历史，这是义乌最早的商业踪影。楼仲平出生在义乌一个贫苦家庭，为了生计，14岁起就辍学跟着父亲"鸡毛换糖"走南闯北，成为义乌的一名末代货郎。

然而，在外奔波了15年却并未让楼仲平的生活条件有多大的改善。与此同时，家乡义乌已经发生了翻天覆地的变化。

1990年底，义乌已成为我国最大的小商品专业批发市场。1991年，义乌市场的成交额突破了10亿元。同年，楼仲平回到了义乌，结束了他的货郎生涯，在义乌第三代小商品市场——望江楼市场租了半个摊位，卖当时刚流行的日用品：塑料杯、一次性筷子、纸杯、吸管等，开启了小商品的销售之路。

那时候为了挣五毛钱，他可以骑6公里的三轮车去送货。

随着小商品经济的蓬勃发展，越来越多的义乌人加入商品经济的洪流中，小百货生意竞争也越来越大，钱越来越难挣，这让楼仲平意识到，不管是"鸡毛换糖"还是摆摊，只有不断思考和转变，才能赚到钱。

1993年底，恰逢一个做吸管的老板想把手上做吸管的机器卖掉触发了楼仲平。他问自己，"为什么我不可以生产呢？"于是楼仲平决定放弃原来的日用百货批发生意，去生产原来在摊位经销的塑料吸管，成了义乌"贸工联动"的第一批企业。

楼仲平幸运地抓住了中国改革开放赋予民营企业的第一次机会，凭借吃苦耐劳和自己的智慧，驰骋于中国制造业的黄金时代。

起初，没有人看得上这个利润极其微薄的小小吸管。这个产品门槛低、技术低、起点低、利润低，算得上是上百万个义乌小商品当中最难做，也最不值得去做的产品。但楼仲平的工厂发展迅速，很多义乌商人也跟风办厂，吸管厂数量暴增十几倍。当时所有吸管厂家都没有正式的品牌和商标，更没有品牌意识和观念，却不约而同地都在用着一种印着一男一女两个儿童头像的包装。

楼仲平敏锐地发现了其中的机会。

1995年8月，他拿着这种包装，跑到义乌市工商局咨询，包装上的小孩图案到底算不算商标？有没有人注册？得到的回答是，"这个肯定是商标，肯定有人注册了"。楼仲平不死心，花了300元查询费，强烈要求在商标系统里查询一下。查询结果竟然是没有人注册。楼仲平立刻揣着2000元钱把这个商标注册了下来。

图／双童公司办公楼

于是，有了现在的双童吸管。

2002年，仅仅用了七八年的时间，楼仲平就将双童吸管做到了全球第一并且保持至今。

走向死亡是企业的宿命，但企业可以向死而生

十几年前，诺基亚、摩托罗拉正被各个商学院作为成功经典案例教学，但那时候谁也不会想到，几年之后诺基亚和摩托罗拉便陷入了经营困境，先后被收购。

1987年出版的《熵：一种新的世界观》一书中提出一种新的观点：任何组织都会消亡，包括宇宙。楼仲平深受此书观点的影响，一直对企业的发展持警觉的态度。当大多数企业都在想着如何快速发展之时，他却想着如何让企业活下去。如何活的更长、活的更久是双童吸管不论在任何时期都必须要思考的问题。

而企业要想活的长久，就必须建立起变革的文化。

2002年，双童问鼎全球最大吸管厂商，沃尔玛、Dollar Tree赫然出现在客户名单之中。

　　但是光鲜的出口业绩背后却暗流涌动，客大欺店，双童毫无还价之力，利润被挤压到所剩无几。"如果1个大客户顶10个小客户，我为什么不去找10个小客户来做生意呢?大客户他说了算，小客户我们能商量。"2003年，居安思危的楼仲平提出一个理论——小客户原则，这套理论后来被当作MBA教材案例。

　　逃离沃尔玛，退出了利润微薄的美国市场。与此同时，双童把目光投向了利润空间更大的日本，面对卫生标准极尽严苛的日本人，让楼仲平首次出师便遭遇折戟。

　　六个集装箱运到日本，客人却投诉里面发现一根头发，采购商要求全检。但全检的费用比吸管本身还贵，楼仲平只得同意在日本就地销毁，还额外支付了17000美金的销毁费。

　　紧接着，楼仲平将还未出港的两个集装箱从宁波港运回双童，当着所有员工的面，一把火全部烧掉。

　　此后的十多年，双童出口日本的订单，再未收到过任何质量投诉。

　　楼仲平带领 "双童"先后花了十年时间，从行业标准到国家标准，再到ISO国际标准，几乎包揽了吸管行业的所有话语权和规则定制权，彻底打破了西方国家对产品规则制定权的垄断，并且拥有全球塑料吸管行业三分之二的专利，成为行业内绝对的领导品牌。

　　从2006年到2007年，楼仲平苦心研究，不断进行创新设计和发明，并申请了专利。到2009年11月17日，第一批37项专利获得通过。

　　比如，一支"爱心吸管"适合在婚宴等场合使用，零售每支8元左右。在吸管上的心形结构中，竟然装有水流止回阀和过滤装置，仅水流止回阀就有

4项自主知识产权。

作为全球吸管行业领导者，这些年（双童）义乌市双童日用品有限公司先后承担聚乳酸冷饮吸管中国轻工行业标准、聚丙烯饮用吸管国家标准和聚丙烯饮用吸管规范ISO国际标准的起草编制工作。全球吸管行业国际标准的相关组织要求、生产过程、规则验收、依据评判等绝大部分标准条文均来自（双童）义乌市双童日用品有限公司。

一根吸管的思维蝶变

薄利多销固然没错，但如果所有的制造业走的都是这条路，那么在同质化竞争日益严重的情况下，千军万马过独木桥必然会是死路一条。

"为什么一根吸管只能卖这个价？为什么吸管一定要塑料的？为什么吸管一定要一次性的？为什么吸管只能用来喝饮料？"这是楼仲平一直在思考的问题。

放弃最直接最简单的薄利多销，去寻找新的方向。对于新，楼仲平有自己的理解。他觉得，"新是对以往事物的放弃对新的事物的追求，这就是人们所常说的喜新厌旧。那么不断创新就是满足这种喜新厌旧的应变法则。"

跳出传统制造业的思维模式，深刻地认识到通过坚持和创新完全可以改变企业的真理，从而影响了双童在后续发展过程中始终坚守在"一根吸管"上，并通过专注不辍、精进创新、用心经营而形成了独具特色的"双童思维"，使"双童"逐渐摆脱了薄利多销的粗放经营，逐步形成了精细化管理、生态环保、与员工共成长的可持续发展道路，从而彻底改变了世人对吸管行业的低、小、散、弱的传统认知。

楼仲平特地建造了一个吸管博物馆，这里不仅详细介绍了吸管的发展历史，还陈列着双童研制的各种各样的吸管：动物造型的卡通吸管、内嵌风轮会不停旋转的风车吸管、生肖吸管、帮助老人和病人吸饮不会回流的省力吸管、小鸟吸管、party吸管、钢制吸管、可降解吸管……在吸管博物馆里，五彩缤纷、琳琅满目的吸管样品，让人眼花缭乱。如果不是亲眼所见，很难想象一根吸管也可以玩出这么多花样。

产品是组成商品过程内在的核心基础根基，而商品则是产品"属性叠加"的"价值涌现"。突破了产品本身固有的局限，建构全新认知的"产品思维模型"。"我们发现一根吸管也有很多值得深挖的卖点，从文化性、精神性、情感性一直到趣味性等，如何做到受众认同，实现口碑传播，一直是'双童'致力在做的事情。"楼仲平说。

早在2006年9月，当白色污染还没有被普遍认知的时候，双童吸管就研发出了针对白色污染问题的可降解吸管。

"我们始终认为，作为塑料制品，吸管的使用回收性差，使用中一定会产生白色污染。我们是有危机感的，总有一天塑料制品一定会引发巨大关注。所以我们当时就决定去找一种替代材料，保持功能性的前提下还能分解不会产生白色污染。"他坦言。

2018年，全世界掀起抵制一次性塑料产品的行动。7月，星巴克宣布将于2020年前在旗下2.8万家门店内全面取缔塑料吸管；9月，英国境内麦当劳餐厅全面中止使用塑料吸管；希尔顿集团也表示，旗下650家酒店将于2018年停用塑料吸管；德国也宣布将在近6000家超市和商场禁售一次性塑料吸管……

双童吸管的可降解吸管一夜间成了"全球宠儿"。

2019年的义博会上，可以当面条吃的"淀粉吸管"吸引了世界客商的眼球，这是"双童"通过技术创新，从根本上解决吸管造成"白色污染"的又一力作。

你要理解，自己是一个有罪之人

楼仲平有一个很特别的观点，他认为，一个企业有一个不变的定律，就是与整个生态的关系。作为一个企业来讲，它天然的一面是伤害社会、伤害生态、伤害环境、伤害他人。"我们先不谈它的贡献和奉献，一个企业做起来要消耗社会资源，而资源永远是稀缺的。你要理解你是一个有罪之人。"

对公司的员工好一点，与合作方讲诚信，站在客户的角度去尽量满足客户的需求，尽量去保护环境爱护资源等，这些在某种程度上都是在弥补创业背后所谓的"罪"。

在楼仲平看来，一切的事物都是相对的。做企业要站在利他的角度上，"你对别人好，别人给予你的也是正向的反馈最终还是利己。"企业在获得良好经营效益的同时，应该着重于群体的改善。硬件、薪资、福利、环境等，企业的本质属性是社会性，这些也是企业社会责任的表现。"这就是所谓的企业家精神，你可以不是企业家但一定要有企业家精神。"

在双童，楼仲平毫不避讳地谈及基层人员很不稳定的情况。"没有人愿意一辈子打工。只要有生命的东西，它都是流动的。所以你要以更加温情的方式去满足时代背景下的不安全感。"

他按照五星级酒店的标准为员工设计建造了宿舍，从装修到家具家电，都用优质名牌。

楼仲平并不赞同大家所说的善待员工是大发善心，而是对公司根本的关怀，"我们看到花、叶、枝、杆，而决定这棵树的树根却恰恰看不到"，员工就是企业的"根"。

他在厂房屋顶铺了120厘米厚的土层，种植了数十种水果蔬菜，楼仲平还自己设计了雨水收集和中水回收系统。全厂每周三次程序化卫生检查，不仅针对生产车间，宿舍、食堂等所有厂区角落都不放过。

早在15年前，楼仲平就能高瞻远瞩地开展节能减排厂区设计。他从不把社会责任感和环保意识作为自己的解释，而是非常坦诚地说他的初衷仅仅是为了降低运营成本。

他认为，人不能自我伟大，恰恰应该自我批判。人只有自我批判，才能感知到自己的问题，提高自我认知，谦卑地改变自己。否则，就会永远处于自我膨胀之中。

每到一个国家，楼仲平都要和当地的创业者交流，在交流中学习。

楼仲平始终强调公司的长续发展，他认为，一个企业长远的发展还不够，要长远的同时可持续有品质的发展才是真正应该关注的问题。

用每一天的关注迎接每一个改变，是楼仲平乃至整个双童吸管每一位员工的共同理念。在楼仲平看来，创新者的窘境在于只有成长没有成功，创新是一个永远完成不了的任务。

越是有远见卓识的企业家，越不吝啬投资自己的大脑，哲学不仅是生活中的小道理，也不是漫无边际的宏观理论，而是指导实现人生进步的内在力量。

从挑货郎到"吸管大王"，是一部民营企业家的奋斗史，也是义乌企业家的奋斗精神的一个缩影。

END

任维明

缔造引领全球的
亚麻王国

任维明：金达控股董事局主席兼执行董事；浙江省第九届、第十届人民代表大会代表；全国优秀青年厂长；农业部全国乡镇企业家；浙江省优秀企业家；浙江省优秀企业经营者；中国麻纺行业协会副理事长；香港纺织商会副会长；中国改革开放30年20名经济人物。

　　2006年12月12日，金达控股有限公司在香港联交所主板挂牌上市，成为国内亚麻行业第一家香港上市公司。至此，海盐有了第一家上市公司，不得不说，这是历史性的时刻。

　　如今，41岁的金达控股已经发展成全球规模最大的亚麻纱制造商，拥有1个有机麻种植基地、5个纺纱工厂，为超过25个国家的客户提供服务，提供4000余个就业岗位，年产2万余吨亚麻纱，可制成约6000万件上衣。

　　41年前，这是那群寻梦年轻人想都不都敢想的事情。

　　41年后，任维明可以骄傲地说，我们做到了。

　　自1993年底担任厂长之日起，任维明就扛起了这个重担。

图／任维明

身份转变，临危受命

1978年的改革开放，迎来了惠风晓畅的新天地，也在悄然中改变了无数人的命运。

其中，就包括任维明。

正是因为改革开放，无数个乡镇企业如雨后春笋般开始发展起来，也因此给了广大农民新的出路。一无资金，二无设备，三无技术——1979年，海盐县横港人民公社丝织厂就在这样的条件下诞生。任维明也得此完成了由农民到工人的身份转变，成了一名普通的机修工。

在工厂里，时常可见任维明的身影。短短一年的时间，他就成长为技能出色的维修工，赢得了领导与同事们的一致肯定，不到两年就提升为车间主任。

他坦言，"我太珍惜那份工作了。"

也正因那份热爱和珍惜，才让那群朝气蓬勃怀揣梦想的年轻人克服一个又一个难关，一步一步地跨过所有的坎坷与艰难。

那时候的大家，无非就是冲着对美好生活的向往才勇往直前。回忆起办厂之初，任维明深有感触："我们当时什么都没有，资源有限，受教育程度有限，凭借的就是永不气馁、永不疲惫、自强不息、争创一流的精神，用我们的双手来弥补我们的不足。"

这家租用人民公社大会堂当厂房的社办企业，全部资金不过7万余元，连生产用的织机都是手工打造的。和当时许多"摸着石头过河"的乡镇企业一样，从生产被面和化纤布起步，没有方向也没有可借鉴的经验，觉得什么挣钱就卖什么。

在社会主义市场经济体制下，市场格局风起云涌，农村社队办工厂靠自产自销来维系和扩展壮大。特别是在改革开放起始阶段，社办企业发展迅速，市场逐渐趋于饱和，开始形成供大于求、产大于销的被动局面。一方面，由于对市场变化没有预估判断，生产经营几度陷入困境；另一方面，观念落后、管理粗放，仅凭一腔热血的横冲直撞也很难在日益增长的发展需求下存活下来。

就在丝织厂面临倒闭的危难之际，任维明临危受命被任命为丝织厂厂长，肩负起振兴的重任。那一年，任维明年仅24岁。他也成为当时最年轻的社办企业带头人。

上任伊始，他就将厂名改为"海盐县第二丝织厂"。这个年轻的厂长深知，企业要基业长青就不能没有目标和方向，他坚持科学管理、从严治厂的方略，将企业升级与质量管理作为两大抓手，制定详细整改措施；分年度目标，组织实施；注重引进制造技术和设备，带动了生产管理经验的提升，从而使企业发挥更大效能。在引进管理经验、引进技术、引进先进设备的同时，推动了产品结构的优化组合，使企业生产能力明显提高。

当年，生产总值达到了212万元，获利20万元。

抓住机遇，蜕变转型

20世纪90年代初，化纤产品同质化竞争加剧，怎么样才能在激烈的市场竞争中站稳脚跟？任维明为了寻找新的商机，开始走市场看行情，最终决定放弃化纤产品转型做真丝被面。这也是海盐第一家做真丝被面的企业。

真丝被面一问世，就一炮走红，不仅卖到了杭嘉湖，还走上了北京、上海等地百货公司的柜台。丝织厂也因此快速成长，员工猛增到1000人，成了镇上第一大厂。在任维明看来，"你的产品一定要选择走差异化的策略，就是我有的，大部分现在还没有，那么这个对我们来讲是个机会。"

90年代末，海盐县第二丝织厂已经更名为海盐金达丝绸实业有限公司。建起了当时流行的"一条龙"生产线，业务涵盖绢纺、纺织、印染、服装多个环节，在整个海盐乃至嘉兴都走在了最前面。

然而，1997年亚洲金融风暴来袭，曾经占中国出口额四分之一的丝绸行业受到波及；另一方面，金达这种小而全的经营模式，也开始暴露出它的弊端：要规模没规模，要技术没技术，虽然年产值高，但利润几乎是零。

危机之下，任维明做出了一个大胆的决定——放弃丝绸产业，进军亚麻行业。这一决定，起到了里程碑的作用。

但任维明对丝绸是有感情的，一方水土养一方人，江南自古是丝绸之府，有着天然的产业优势，而中国的亚麻产地则主要集中在黑龙江等地。从世界范围内来看，亚麻纱主要生产国和消费国都在欧洲，相比较而言，中国消费者更偏爱丝绸产品。

在外人看来，任维明这是一步险棋。

任维明觉得，全球经济危机是一种挑战但也是一种机遇。全球经济、资源配置加速一体化，成本也在转移。任维明表示，当时做丝绸的时候会经常听到亚麻这个词，不少客户询问能否生产亚麻纱线，也因此他开始关注世界亚麻市场。

经过一系列的市场考察，任维明得到一个判断：在第四次全球产业转移当中，欧洲的亚麻工业是要东移的；以东北地区为主的亚麻产业要转移到长

图 / 金达控股公司

三角地区。国际上西麻东移，国内北麻南移，这是一个千载难逢的好机遇。

"长三角的民营企业很好地承接了欧洲亚麻工业的转移，可以说是对全世界亚麻工业的一种贡献。成本的下降，让亚麻制品拥有更广的消费空间实现了可能，也使得亚麻整个产品的生产和开发达到了空前的发展。"任维明笃定，两点改变，让世界的亚麻工业得到了更好的发展。

金达无论如何都要抓住这个机遇。

与此同时，任维明也放弃了"一条龙"思路。"市场经济一定是鼓励专业的，而不是多元的。未来只有在细分领域，你才能做到极致。简单的东西才有可能做到极致，我们一定要把复杂的东西简单化。"

1999年，任维明以5000锭亚麻湿纺起家，金达以先锋者的姿态迈入当时国内还处于萌芽状态的亚麻行业，于是搭上了亚麻发展黄金时期的顺风车，从此进入了快速发展和扩张之路。2003年，金达的亚麻纱出口量已经居全国首位，并连续15年排名全国第一。

引领行业，缔造亚麻王国

2006年12月12日，金达控股有限公司在香港联交所主板挂牌上市，成为国内亚麻行业第一家香港上市公司。至此，海盐有了第一家上市公司，不得不说，这是历史性的时刻。

我国亚麻原料短缺的问题十分突出，每年50%以上原料扔靠进口，严重制约了我国麻纺产业的发展。2007年，金达在新疆昭苏设立中国第一个专业化有机雨露亚麻生产基地，并获得荷兰管制联盟颁发的有机纺织品证书。金达不仅是有机亚麻和可持续生产亚麻纱的引领者和主要推动者，更是全球最主要有机亚麻纤维亚麻纱制造商。

"原料短缺是严重制约中国麻纺产业发展的瓶颈。"在新疆布局原料生产基地，不仅在上游环节为金达带来了可观的利润，也实现了中国有机雨露亚麻原料零的突破，改变了中国亚麻产业受制于人的窘境。

2013年，金达控股与西门子达成战略合作伙伴，这是西门子在华东地区第一家战略合作企业。与西门子的合作，让金达在节能、环保、能源管理上精益求精，金达逐渐成为一家绿色和数字化的工厂。

任维明坦言，"中国制造企业正在全球市场扮演着越来越重要的角色，数字化工厂技术解决方案将帮助它们提升竞争力，赢得更多的市场机会。与此同时，金达控股也没有打算放弃海外制造市场所能够为公司在土地成本、运输成本及建筑成本等方面带来的竞争优势。"

2018年，金达控股的埃塞俄比亚工厂正式启动。埃塞俄比亚政府希望金达亚麻纱工厂项目成为"一带一路"在埃塞示范项目之一。

任维明十分注重自主知识产权，积极发展自主品牌。"紫薇""KINGDOM"为浙江省著名商标，亦被评为中国浙江出口名牌。"KINGDOM"的品牌亚麻纱在国外也享有很高的知名度，是全球纺织行业认可的最好的品牌之一。

任维明一直以来推行精益管理、卓越绩效等先进管理模式。金达不仅通过了ISO9000质量体系和ISO14000环境体系认证，还通过了绿色生态纺织品检测认证Oeko-Tex Standard 100、IMO有机亚麻纤维认证、GOTS全球有机纺织品标准认证、欧洲社会责任体系BSCI认证。公司是有害化学物质零排放（ZDHC）、美国公平劳动协会（FLA）会员。

目前，金达亚麻纱生产总规模已经超过了15万锭，是全球规模最大的亚麻纱制造商。公司目前有五家工厂，亚麻纱占中国亚麻市场份额的20%左右，占全球的10%左右。出口亚麻纱占中国亚麻纱出口量的45%左右，2003年至今排名中国第一。中国出口至日本、韩国、意大利等高端市场的亚麻纱中，金达的亚麻纱占50%以上。

任维明一直致力于公司的可持续发展，引进德国、法国、意大利等国家先进纺织设备，技术装备水平处于全国同行业领先。第四个纺纱工厂——黑龙江青冈亚麻/汉麻纺纱厂处于全球行业领先。

如今，金达控股正在成为全球亚麻纱制造领域的"王国"。

"你们用6年时间，完成了我们100年达到的品质和规模，你们创造了奇迹。"这是拥有近100年历史、全球最著名的亚麻纺纱企业——意大利LINIFICIO公司董事长对金达的评价。

四十不惑，上善若水

不知不觉，金达已经走过了41年的光景。

如果将金达比作人的话，也到了不惑的年纪。任维明觉得，孔子所说的"四十不惑五十知天命"这句话是真的很受用。"年轻的时候不相信，到了一定年龄以后才发现其实任何事物都是有发展规律的，我们一定要按照事物的发展规律来进行。"

1979年到1999年这20年间是吸取教训的20年，也是金达从幼儿到青少年时代需要经历挫折和教训的时代。他们跌倒了很多次，但是并不妨碍他们跌倒了再爬起来。在任维明看来，有些痛苦是必须要经历过来的，跌倒是为了更好的爬起来。

正因为有两块前期的积淀，才有了金达后来的飞速发展。

习近平总书记曾说，幸福是奋斗出来的。任维明觉得，幸福不仅仅是奋斗出来的，奋斗的过程其实也是一种幸福。他始终把工作看成生活的一部分，他认为，"我是在享受我的工作"。

起步的20年，在思想上对任维明影响最深并且一直鼓励他前行的，那就是保尔·柯察金的《钢铁是怎样炼成的》。这本书是任维明在被窝里看完的。

"人的一生应该这样度过：当他回首往事时，不因虚度年华而懊悔，也不因碌碌无为而羞耻。"这句人尽皆知的话，陪伴了任维明整个创业时代。这本书所传递出来的精神，也一直作为任维明的精神支柱指引其前进。

"创业初期非常痛苦的时候，想想这本书里面的主人公我又觉得这点痛苦算得了什么呢？"

"仁者，爱人。"任维明始终以一颗仁爱之心回馈社会，视企业社会责任为己任，致力于社会公益事业，努力发挥企业本身价值，透过爱心捐献帮助弱势家庭，持续关心国民教育，以实际行动落实回馈社会的理念。

40年来，于社会贡献上金达累计出资人民币2500多万元。

与此同时，任维明还提倡生态环保理念。为了使周围的环境更加美好，空气更加洁净，他提出"森林计划"，以"植万棵树，换一片绿"为口号，将保护环境坚持到底，目前，公司已经种了千余棵树了。

在任维明看来，哪怕是一丁点儿的力量，依然可以聚沙成塔。

为追求全体员工物质和精神幸福，为消费者、客户和股东创造价值，为社会和国家多做贡献，是金达始终如一的使命。不怕吃苦，敢为人先这种精神，已经深深地植根于每一个金达人的血液中。

未来四十年，甚至更久的将来，金达仍然会坚持以创新引领未来，在追求卓越这条道路上继续且歌且吟。

END

姜瑾华

台前幕后的双赢人生

姜瑾华：福莱特玻璃集团股份有限公司副董事长兼执行副总裁；浙商女杰理事会执行会长；嘉兴秀洲区女企业家协会副会长；嘉兴市政协委员；秀洲经济发展研究会副会长。

她是南湖中的一叶扁舟，扎根嘉兴，上善若水，厚德载物，以国际标准管理着一个拥有七家子公司、国内最先制造光伏玻璃的上市集团。在她的身上，你可以感受到职场女精英的气场；也同样可以感受到身为一位妻子的柔软。她坚强独立却又温柔得如水一般，有着多种可以随时变换的形态，转化自如。她58年的人生，如一本现代女性事业与家庭的兼修"字典"。

复杂多彩的前半生

如果以福莱特玻璃集团公司为转折的话，姜瑾华的人生可以划分为两个阶段。她的前半生，是复杂曲折而又丰富多彩的。

你很难想象，这样一位笑容温和、举止优雅的女人，曾经以一名建筑工人的身份在几乎都是男人才能做得了的建筑工地上挥汗如雨。为了保住这份

"铁饭碗"，苦活累活抢着干，从未把自己当作是姑娘。

两年后，恰巧遇到越剧团招募演员，唯美典雅，极具江南灵秀之气的越剧，与充满灵秀之气的江南女子姜瑾华似乎再契合不过了。虽不是科班出身，从未受过专业训练，但那份果敢自信以及优越的外形条件让姜瑾华赢得了认可，开始了长达六年的越剧演员生涯。

为了给自己赢得更多的机会，她在进入越剧团后虚心求教刻苦训练，很快便成为身挑数担不可或缺的当家"台柱子"。

也正是在她花样年华中，与那个要相伴一生的人互生情愫。

对于年轻的姜瑾华来说，家庭要比事业更重要。1985年，为了兼顾家庭，在她越剧演员生涯最辉煌的时候，她毅然舍弃了舞台上的光环，投身进入幼儿教育工作中。

秉持着"干一行爱一行"的原则，她自学幼儿教育和幼儿心理学等课程，在公开考核中再一次脱颖而出，获得去杭州师范学院培训的机会。不料，既定名额旁落他人，她服从分配转入了财务岗位。

然而，没任何财务管理工作的经验，收查企业账本、审核业务原始凭证、开具营业发票、银行融资贷款等，对于姜瑾华来说犹如天书一般难以理解。但是，困难面前从不退缩是她的天性。她从零开始，主动攻读夜大学习财务课程。 同时，她并不仅仅满足于上岗考证，更着眼于数据分析，以及数据背后所蕴含的管理学。也正是通过做企业财务，她清楚地知道企业如何盈利缘何亏损，如何去管理一个企业，以及对企业的运行机制有了独到的见解。

1992年，姜瑾华所服务的建筑企业资不抵债，几乎摇摇欲坠，上级管理部门正在为找不到合适的掌门人而忧心忡忡。作为企业财务的姜瑾华看在眼里，急在心里。她向领导毛遂自荐，在领导的半信半疑中扛起了企业扭亏为盈的重任。

令所有人都没有想到的是，姜瑾华仅仅用了半年时间就让企业扭亏为赢。也因此，姜瑾华的管理能力得到了社会的考验。此后，上级部门又给了她亏损状态的服装店、运输队等，在姜瑾华的运营下全部起死回生。

至此，姜瑾华本人开启了自己的"开挂人生"。

1993 年，深受创业浪潮的浸染，姜瑾华创建嘉兴市秀城区建设建筑工程公司，靠着"诚信经营"的理念和精细化的管理赢得了客户的认同，成为男人江湖里的建筑"女掌门"。

从台前到幕后，甘心做"小人物"

1998年，姜瑾华正在建筑业干得如火如荼时，丈夫向她表露了拟接手街道玻璃企业，加入创业大潮的心迹。

是继续自己建筑行业的辉煌，还是放弃一切回到丈夫的身边，帮助他走上创业之路，再次成了姜瑾华要面临的重大选择。

这次，与放弃光鲜亮丽的舞台更加不同，她要放弃的或许更多。而她，却做了相同的选择。

放弃了自己的建筑公司，带着多年积累的资金与经验毅然选择与丈夫携手并肩共创福莱特集团公司。她说，她从未后悔自己的这一选择。

姜瑾华本着"一个女人最大的幸福是美满和谐的家庭，支持丈夫的事业，就是幸福家庭的根基"这一理念，永远都坚定地成为丈夫的后盾。

　　进入新的行业和陌生的环境，她丝毫不摆"老板娘"的架子，从划玻璃、仓库记账、银行结款，再到倒茶做饭，任劳任怨。当企业面临核心团队出走，内部人心惶惶，生产几近停滞之时……姜瑾华从幕后站出来，与丈夫一起管理起企业生产，她向丈夫保证："所有的生产者都是我的老师，我会向他们虚心学习，做好这个管理者。"

　　夫妻同心，其利断金。姜瑾华携手丈夫一起闯渡难关，每天不足4小时的睡眠让身体严重受损，她开始流鼻血、牙龈出血，医生怀疑她得了白血病。经医学鉴定，她因身体严重透支引发了障碍性贫血症，经过两周的治疗，在病情有所好转后，心系企业的姜瑾华又回到了工作岗位。

　　即便如此，她依然坚持从一个个细节抓起，分析每一组财务数据背后的管理潜力，找员工谈话，掌握他们的思想动态，把岗位责任制落实到位，杜绝了每一个环节的跑冒滴漏。不到三个月，员工们精神状态焕然一新，公司的运营"活"了起来。一年之后，企业终于实现扭亏为盈，吹响了连年盈利的嘹亮号角。

　　企业转危为安后，姜瑾华便退居丈夫的身后，从不抛头露面，心甘情愿地做一个默默地"辅佐者"。丈夫阮洪良以敏锐的市场发展眼光，让企业迅速发展壮大，她便配合各部门迅速建立起企业标准化、流程化的现代化企业管理模式，加强企业内部管理制度和企业管理运营机制建设，使企业在一个有序的环境中高效运营。企业遇到困难时，她就站出来跟丈夫肩并肩直面困难与挑战；企业经营状况变好了，她就退回来，做丈夫最坚强的后盾。

深谋远虑，走在时代前沿

人无远虑，必有近忧。这是姜瑾华一贯坚守的原则。

2005年，福莱特意识到行业内普遍存在的生产力与全新的市场需求不吻合，在现代化管理之路上，福莱特必须向标准化、流程化管理升级。她果断请来两位计算机工程师，以多年积累的管理模式为导向，为福莱特自主研发适合玻璃行业的管理软件，从销售、采购、仓管、计划到生产的每一个环节管理，都详细而科学地列入信息系统。

彼时，计算机还未全面普及，大部分员工都不会使用这一新兴事物，年纪大的员工不愿意接受新的智能技术，纷纷递交辞职报告。姜瑾华深知，要想改革，这是必须经历的阶段。面对压力，她再一次沉住气，耐心地向一线员工讲解使用信息软件对企业发展的重要意义，还亲自一一到每个岗位，及时解决员工对新事物的抵触情绪。

她告诉员工："我们企业使用ERP管理系统，既是帮企业，也是在帮大家自己，程序并不复杂，我和你们一起慢慢学，此刻的我们不是上下级，而是朋友关系。解决这一短暂的痛苦，大家将长期受益。"正是姜瑾华耐心的开导，第一代工业企业ERP管理系统得以大规模应用。

2005年，福莱特公司成为最早应用ERP管理系统的企业之一，走在时代前沿。

2012年，在一次与外宾交谈中，对方一句"你们企业产品非常好，但都是靠人海战术打出来的"，深深地戳痛了姜瑾华的心。

姜瑾华在管理中发现，企业常年的顽疾——玻璃产品的擦伤问题，究其根源是员工的手工搬动操作问题。因此姜瑾华痛下决心：福莱特必须要应用全自动化生产线，以现代化、自动化的装备提升传统产业，优化企业人力资源的配置。她在团队成员中选拔有机械设计、电器智能等方面有技术有创新意识的人才，成立了设备研发部门，充分发挥员工的特长，克服种种困难，研发出第一批生产设备，有效地降低了人工成本，提升质量品质和产成品率。经过半年的不断调试，福莱特自主研发的设备与生产需要完全默契配合，屡试不爽，正式步入智能化生产的 2.0 版。

2017年，在福莱特智能化智造之路上的第二个六年，姜瑾华再一次更新升级新的管理系统，从产品设计研发、生产、品质管控等方面优化管理，福莱特成为玻璃行业内第一家浙江制造的标准起草单位。

2019年2月15日福莱特在上海证券交易所成功上市。经过21年的努力，福莱特以诚信、务实、专注、激情、创新的企业精神，走上了H股主板和A股主板两地资本市场的上市企业。

图 / 姜瑾华（右）

做一个积极进取、温暖浪漫的人

如今，福莱特生产的玻璃畅销全球。随着竞争日益激烈，福莱特也从原来的玻璃深加工企业成功转型成为光伏玻璃制造业的领路人。不仅是全球最大的光伏玻璃制造商之一，更是中国首家获得瑞士太阳能技术试验研究（SPF）认证的光伏玻璃生产商。

这一切荣誉的背后，离不开姜瑾华作为一个幕后辅佐者的深谋远虑。如果说丈夫阮洪良是一位高瞻远瞩的战略布局者，那么她一定是战略的实施者。在这一过程中，离不开她的不断学习。

在姜瑾华的职业生涯中，她深知只有理论与实践相结合，不断提升自己才能让自己与福莱特走得更远。通过在职学习，不断汲取各方面理论知识并通过实践巩固，提升自我素质。

2008年，她进入清华大学秀洲区企业经营管理者培训班学习，并先后进修清华大学国际工商管理与创新领导力课程、复旦大学经营者财务高级研修、浙江大学高级工商管理总裁研修等。不仅如此，她还积极参加企业组织的"向心力"阿米巴系统经营实学、利润空间-降本增效系统方案班等专业培训。目前正在攻读管理学博士，深度研究探索管理学对企业发展战略及经营哲学的理论依据，从而使企业的管理思想与企业发展相匹配。

她认为，只有通过不断的学习，才能让自己对这个世界的一切新鲜事物保有敏锐的感知力，用科学的眼光审视企业发展规律，在企业经营发展战略的决策中提供有利保障。

为了更好地回报社会对她的培养，并为慈善事业献力，她参加新疆及九寨沟帮扶，参与东西部扶贫"圆梦助学"结对，帮助若尔盖县7名困难大学生完成学业，推动"国学亲子公益讲堂"项目，为中华传统文化的传承与弘扬献力等公益慈善项目，并相继成立嘉兴市益家公益基金会和嘉兴市秀洲区慈舟社区公益发展中心，系统化、规范化地为社会公益慈善长期助力。旨在帮助更多人在追梦逐富的路上心想事成，家庭美满。

面对感情，她笑说，生活是需要仪式感的，即便老夫老妻也要保持一点浪漫，给平淡的生活增加一些光彩。

　　柴静在《用我的一辈子去忘记》一书中说过这样一句话：两情相悦如今已经不多了，尤其在物欲横流的今天这已是奢望。但我仍然带着我的热情跟向往，在等待那个风雨夜归的人。

　　姜瑾华等到了这个人，也与这人风雨兼程、乘风破浪。

　　她知道什么时候该进什么时候该退，她知道应该舍弃什么又该珍惜什么，在必要的时候可以崭露锋芒却不锋芒毕露。

　　游走于爱情与事业之间游刃有余。

END

张静

百年老字号的
首位女掌门

张静：知味观第十七代掌门人；知味观总经理；杭州餐饮服务大师；2009—2010年杭州市五一巾帼标兵；2010—2011年杭州市三八红旗手；全国商业服务明星；2015年被中国商业联合会、中华全国妇女联合会授予"全国商业服务业巾帼建功标兵"；2015—2016全国十佳服务师；全国技术能手；2017年获得全国"五一劳动奖章"。

在杭州，想了解这座城的饮食文化，知味观是第一坐标。

知味观，中华人民共和国商务部首批认定的中华老字号、中国十大餐饮品牌企业，是目前杭城最具知名度的餐饮企业之一，2012年获得中国驰名商标。知味观曾接待过诸多政界要人、海内外社会各界著名知名人士，是海内外宾客心目中的美食天堂，来杭州必到知味观。

欲知我味，观料便知

1913年，孙翼斋在湖滨仁和路83号开设了一家小店，在门口挂了这8个大字，用货真价实吸引了大批顾客，一时间门庭若市一改往日的清淡。

"知味观"便由此而来，也因此得了"知味停车，闻香下马"的雅称。

也许连孙翼斋先生本人也没有想到，这家店一开竟是百年。

它曾是爱国文人的聚集地，经历过抗日战争、十年"文革"、改革开放……见证了中国百年兴衰。

在西子湖畔阅尽无数个春夏秋冬的它，已从彼时主营点心的小铺，转型成了集中餐、点心、食品加工等多业态的企业。更是借助天猫，让传统经典美食，在网上也占有了一席之地。当然，时间还给了它另一个称呼——老字号。

如今的知味观，在大浪淘沙的岁月长河中坚守下来，仍然传承着那份记忆，保留着原始的味道，焕发着勃勃生机。

像是欧美人看到麦当劳，江浙人看到知味观也会有一种家一样的亲切感。

而这份传承，离不开历代掌门人的初心坚守。

知味观第十七代掌门人张静说，"金字招牌传到我们的手上，对于我们经营者来说是怎么样把它传承好。"

在张静之前，知味观的掌门人还从未有过女性担任。

当越来越多的人在想着怎么快速往前走的时候，张静想做的是慢慢地让它沉淀下来，如何才能传承的更好，莫砸了知味观的金字招牌。

就像是知味观手工点心，用心挑好料，经过一道一道工序的打磨，方才能成为流传百年的好糕点。

成长，知味观的首位女掌门

在知味观工作了整整20年，2018年，张静终于坐上了知味观掌门人的位子。

她觉得，这个位子压力还挺大。

知味观湖滨总店晚上10点停业，忙活了一天的张静在差不多11点的时候打车回家。她从来不开车，因为怕疲劳驾驶出事故，也拒绝了公司给她配备司机的"特殊待遇"，理由是，"不麻烦别人"。

一年365天几乎全年无休，她永远是店里最后一个走的。儿子都已经上初中了她甚至没有陪儿子过过一次生日，除夕夜都是在知味观度过的。

这就是张静的真实写照。

张静的同事说，其实她本可以不必这样的，但她就是这么个要强又自律的姑娘。"我原以为杭州姑娘都挺安逸的，张静刷新了我的认知。"

20世纪90年代，服务行业的发展还不像现在这么普遍，也没有那么多餐饮企业，只有极少数的几家个体户。那时候服务员的薪资待遇很高，服务员的要求也比现在高得多。不仅仅是身高、形象气质，还要有学历、学识等各方面的综合素质，包括个人素质中的理解能力、表达能力、沟通能力、协调能力等，方方面面都要达到一定的水准。

若是想进入一个比较好的酒店企业单位的话，都是要经过层层挑选的。因此，成为一名酒店服务员在当时来说是一件特别值得骄傲的事情。

大学毕业以后，张静就进入餐饮服务行业成了一名服务员。

图 / 张静

她觉得，还挺骄傲。

1998年，一方面，是看重知味观国营老字号这个招牌；另一方面，是知味观社会上知名度较高、平台比较好、学习空间也更大，张静从原来的五星级饭店，跳槽到了知味观。

那时候的张静，从来没想过自己有一天可以成为这个百年老字号的掌门人。

如何将百年老字号更好地传承下去，是她一直在思考的问题，也是历代掌门人必须要做的事情。

知味观已经经历了100多年的风风雨雨，是一个时代的记忆。在众多老百姓心中是经典的无可替代的存在。它已经深深地植入到了老百姓的心里，根深蒂固。

张静觉得，只有成为经典，才会屹立不倒。知味观自有它本身的一种魅力。

但对于经营者来说，金字招牌传到手上，怎么才能把它传承好才是最重要的。"一些固有的精华的东西怎样才能更好地传承，让它不要走样，在这个基础上我们还要迎合现代新的年轻消费群体的心理，我们要研发新的产品，有一些新的东西，让老字号焕发出新的活力。那么两者双管齐下，才能够把这个百年老字号经营好。"

传承，百年老字号

知味观早在初创年间就已经成为爱国文人的聚集地。鲁迅、沈钧儒、梅兰芳、沙孟海、郁达夫、矛盾、姚克、潘天寿等都在知味观留下过足迹。

知味观像一位老者，经历过抗日战争、十年"文革"、改革开放……它见证了中国百年兴衰。2016年G20峰会时知味观主理了元首宴、夫人宴等，知味观手工点心荷花酥上过《舌尖3》，招牌菜蟹酿橙上过《风味人间》。杭州知味观传统点心制作技艺也成功入选浙江省非物质文化遗产。

这么一个沉甸甸的担子接过来的时候，张静已经做好了充分的准备。

在传承老一辈产品精华的同时研发新产品，她说，我们不能吃老本。要研发一些能够让年轻的消费群体接受的产品。创新并非完全是从无到有，在一定根基之上变换出新的形式也是一种创新。对于像知味观这样的餐饮老字号，抓住产品特色，呈现适合现代人口味的传统味道，本身就是一种创新。

随着天猫扶植老字号"天字号"的开启，知味观也开启了跨界IP合作，从电影《港囧》到《大鱼海棠》《麦兜饭煲奇兵》，后来更是借势《变形金刚5》同步推出了新品蛋黄酥。

2018年7月，知味观在延安路开了第一家新零售店。仅仅18平方米，只卖手工制作的糕点和伴手礼，店门前每天都排着长长的队伍。

"知味观目前的一些产品还是以中老年为主的，但是目前我们还是要开发新的消费群体，扩宽我们的粉丝群。"

张静表示，知味观不仅仅是线上的新零售外卖、电子商务，也要成立自己的直播室，跟抖音等结合起来做网红直播。另一方面就是跟天猫、口碑等一些平台合作，多管齐下。

另一方面，张静又是克制的。

面对越来越多的知名品牌开始走向全国，张静还不想走得太快。"目前来说我们还是先做好自己的本地市场。"

张静觉得，对于产品来说，它是有一定的地域性的。知味观的大多数产品还是比较适合江浙人的口味和特点的。拿杭帮菜的代表西湖醋鱼来说，江浙人会很喜欢，但是北方人对这道菜的评价无一例外都是差评。

"有些产品，它有它本地的客户群。不同的地域菜品要有所筛选，针对不同地域还要研发出新口味的产品。所以在扩展全国市场的路上，我们还有很多准备工作要做。要准备的比较充分一点我觉得才可以。"

但在国际化上，知味观是不遗余力的。

"知味观代表的不仅仅是一种美食，它更是一种中国的美食文化。通过我们的美食将我们中国的优秀文化传输出去。"

2008年，知味观作为联合国中国美食节代表团成员之一，使各国大使和世界友人看到了真正的中国菜，同时也充分感受到了博大精深的中华餐饮文化。

2010年，知味观成功入选世博会，成为唯一一家代表浙菜的餐饮企业入驻世博园"八大菜系"园区。

2016年，G20杭州峰会，知味观"中国烹饪大师""中国名厨"陈永青带领厨师团队承担G20元首宴、夫人宴制作，让杭帮菜享誉全球。"知味观传统点心制作技艺"省级非物质文化遗产项目代表性传承人赵杏云被集团选派作为杭帮点心制作技术负责人，带领点心制作精英团队，专门负责G20峰会国家元首夫人宴午宴中点心品种，提供了绿豆糕、杭帮月饼、G20定胜糕、抹茶蛋糕、枇杷酥等18个品种，为20位重要贵宾提供杭帮美点。

知味观基本每年都会组织厨师团队出国交流，与国外一些美食界的大师交流。有官方的、非官方的，有美国、德国、澳大利亚、日本等。

坚持，服务无小事

张静头衔颇多，"杭州餐饮服务名师""中国服务大师""全国商业服务明星""全国技术能手"……用张静同事的话说，张静就是餐饮服务行业的标兵。

从业20多年以来，张静不断地鞭策自己向前，并始终坚持服务无小事的管理理念。

可能有些人认为服务员岗位很普通，随便什么人都可以做，但事实远不是我们想象的那么简单。

一个合格的服务员，不仅仅要自身专业度够硬，更重要的还"身兼数职"。

杭州已经逐渐发展成一个国际化的大都市，尤其是G20以后，来杭州旅游的外国游客迅猛增长。张静要求知味观的服务员要掌握一定程度的外语，最起码要能够跟国外的客人进行简单的交流。不仅仅是外语，全国各地的方言也要懂一点，毕竟有些客人不一定讲普通话。

除了语言方面，在杭州地理方面也要承担起"半个导游"的身份。

杭州一些知名的景点、特产、地理位置等方方面面都要清楚，细致到坐几路公交可以到达哪个景点，每个景点有哪些典故都要会给客人介绍。

张静笑说，"你不能提到景点只知道西湖，提到特产只知道西湖龙井。"尤其是杭州作为中国的"茶都"，客人问茶的时候不能只知道西湖龙井，还要分的清九曲红梅、湘湖龙井、径山茶、天目青顶等。

"你不要小看一个服务员。好的服务员知识面是非常广的。"她说，必备的知识技能掌握以后，还要培养语言艺术，学会如何与客户更好地沟通。

要什么话该讲什么话不该讲，一句话要怎么讲。

"我们所有人的目标就是为了能给客人提供好的服务，能让客人有宾至如归的感觉。我们提供的服务客人很满意，这个就是最终要达到的一个目的。"

承担，社会责任

"我们的使命虽然不是很伟大，但是也是一点一滴积累起来的。"

张静不敢说知味观是圣洁如斯的，但绝对是对的起老字号这个金字招牌的。

她觉得，知味观已经不仅仅是一个品牌，更重要的是一种榜样的力量。知味观要承担的社会责任，不仅仅是食品安全方面、诚信经营、对原材料的要求等方方面面的。

知味观的大包十几年如一日，从未涨价。"即便是现在猪肉价格疯涨，但是知味观却始终没有调价。不仅如此，知味观的很多产品，一些手做糕点依然保持着两三块的价格，可以说都是亏本在卖的。"张静说。即便如此还在坚持的理由，仅仅是消费者对这些产品的喜欢。

"大家都已经习惯了，也许对于消费者来说这已经不仅仅是一种食物了，更重要的是一种情怀在吧。"

知味观始终坚持现做现卖，严控产品质量。每一只手做糕点的诞生，都是极具匠心的。用心在每一道工序上，才能做出让人记得的味道。在知味观面点大师赵杏云看来，新时代归新时代，有些手工制作的工序，是机器无法代替的，从原材料的选择到最后的摆盘设计，用心在每一道的工序上才能做出让别人记得的味道，这才是传承的精髓。

　　对于杭城的老百姓来说，一口小笼包就是一口杭州味道，鲜肉小笼、蟹粉小笼、虾仁小笼，丰俭由己，各取所好。

　　张静说，"我们的初衷就是提供给顾客最好的产品，能够让他们吃得安心，价格合理，便民。"

　　早上6点，知味观的早餐店准时开门。尽管很少人会起那么早去吃早餐，但是开在那里哪怕只有一个客人也是对早起客人的一种慰藉。

　　"我们开那么多门店，一方面是为了经营另一方面也是为了便民。有很多店我们并不见得会赚多少钱的，但是那个点在那里的话杭州市民会很方便，这就够了。"

　　107年风风雨雨，21年相伴成长。

　　知味观因坚守传统匠心不改而历久弥新，张静愿和知味观所有手艺人共同做这份传统背后坚定的守护者。

END

陆铜华

一舟一木一户家，致初心创未来

陆铜华：千年舟新材科技集团有限公司董事长；杭州市第十一届、十二届人大代表；余杭区第九届、十届、十一届政协委员；民建余杭区二支部主任委员；浙江省建筑装饰协会副会长；2019年工匠浙商；浙江省家装家居产业风尚人物；全国建筑装饰行业优秀企业家；中国建材家居行业影响力人物。

　　"走遍千山万水，吃尽千辛万苦，想尽千方百计，说尽千言万语"的浙商"四千精神"在千年舟新材科技集团有限公司董事长陆铜华身上，体现得淋漓尽致。富甲天下的背后是艰苦的创业过程，领军商界的幕后是不停寻求创新突破的不松懈的精神。作为中生代浙商，受到老一代浙商的影响，他坚持勤勤恳恳做事，老老实实做人。

　　陆铜华始终坚持"缔造健康居家、引领品质生活"的企业使命，通过创新发展，为客户提供卓越的产品和服务，致力于打造"中国建材家居行业的百年企业"。

　　他低调内敛、谦逊务实，在旁人眼中是一个公认的"拼命三郎"。

　　他在创业之初就坚持环保与品质并二十年如一日保持初心，致力于打造板材界的"香奈儿"。

　　他是绿色健康之舟的掌舵者，是引领行业的追梦人。

扎根

每一个优秀的人背后都有一段沉默的时光，那是付出很多努力却不一定有结果的日子。我们把它叫作"扎根"。

陆铜华出生在浙江省淳安县千岛湖湖畔的一个小乡村，为了改变贫穷这一从出生起就被刻下的烙印，他努力了很多年。

1978年，国家开始推行"包产到户"的制度，年仅16岁的陆铜华以超越同龄人的胆识承包了村里的橘园。后来，他做过裁缝卖过棒冰开过代销店……

20岁那年，在机缘巧合下他又成为一名"包工头"。幸运的是，陆铜华和同村的另外俩人很快就接到了承包业务，并通过自己的人脉圈组建起了合作团队。做包工头的这5年，让陆铜华成为当地小有名气的人，也赚到了人生中的第一桶"金"，成了那个年代为数不多的"万元户"。

如果说之前的这些让他疲于奔波，那么淳安县木材检查站工作算是可以让他不再那么劳累并且也算得上一份体面的工作。

但陆铜华并不是一个习惯安逸的人。

1992年，基于在检查站四年积累的木材经验，陆铜华开始进驻杭州木材市场，做起了零售。那时候每三天他都要回千岛湖拉一次货，一车木材拉一趟可以赚几百块，抵得上他在检查站一个月的工资。哪怕过年期间，当别人都忙着低价甩货准备回家团聚的时候，陆铜华却反其道而行之，利用过年时间低价囤货，年后高价卖出。

也因此，这种经营理念的差异，让陆铜华在前两年的木材市场经营中，保持了遥遥领先的态势。但随着行业对营销模式的模仿，行情开始发生转变，同质化现象加剧，利润空间变得狭窄。1996年他发现沈半路这条街，大家都在卖夹板，生意很好。"一车过来大家等于跟抢一样。"他瞄准这一商机，在当时的城北木材交易市场租了一个大仓库开始进驻夹板市场，用了两年的时间坐上杭州地区夹板生意的宝座。

有供应商提醒他，干脆办个厂好了。陆铜华想了想，有些迷茫。他想起自己曾经去其他加工厂的场景，一走进工厂，超标的甲醛让人眼泪直流。

那个年代，整个行业普遍缺少品牌意识，况且当时是卖方市场，有货就能卖，产品品质根本就无法保证，环保更是无从谈起。陆铜华觉得，这样长此以往下去必然是没有发展前景的。"要做就得做有品质的环保产品，走可持续发展之路。"1999年，以环保、品质为初心，杭州华海木业有限公司（千年舟集团公司前身）诞生了。

取名华海，意为中华大海。陆铜华立志要研发出一款环保、健康的板材。

萌芽

对陆铜华来说，从创办企业到创立品牌，经历的是一场从认知到保护的过程。

自公司创办之日起，生意虽然红火，陆铜华心里却一直有个小心事——公司没有一个独特的、响亮的品牌名称。

图／陆铜华

于是，在公司成立的第二年年初，陆铜华在全公司范围内发起征集令，以500元作为奖励征集品牌的名称。一时间，陆铜华收到了数百个品牌的名称。而"千年舟"三个字在这数百个名称面前显得格外耀眼。

华海木业诞生于有着五千年历史的良渚文化中，而2000年又刚好跨过新千年，所处行业正是木业，木与舟，木已成舟。陆铜华当即就决定把品牌名称定为"千年舟"，注册了43个品类，对千年舟品牌进行全面保护，率先树立起品牌的概念。

而那个当初起这个名字的员工，也得到了500元的奖励。随着企业的不断发展壮大和品牌影响力的提升，陆铜华又对这名员工陆续进行了5000、1万、3万和5万元的奖励。

但是，如何才能成让"千年舟"成为一个有辨识度的品牌、在市场中脱颖而出？环保可以说是陆铜华的突破口。陆铜华开始做建材和家居时，市场上普遍用的是甲醛超标的胶水，而陆铜华第一时间按照国家制定的甲醛标准来做产品，虽然加大了成本投入，但打下了环保品牌的深刻烙印。

2002年国家甲醛标准问世，由于之前对环保的坚守，千年舟2002年就成为少数通过中国环境标志产品认证企业。

2005年开始，千年舟通过与浙江农林大学、浙江省林业科学研究院技术合作，投巨资研发新型环保黏合剂，推出甲醛释放量为E0级的环保新产品，使"千年舟"产品成为绿色、环保、安全的代名词。

现如今，千年舟在巴西、澳大利亚、印尼等国家构建了千年舟原材料供应基地，并且利用网络优势在云南师宗、山东临沂和浙江杭州等全国木材资源集聚地建立了专业环保板材生产基地。

伴随着消费升级和健康产业的日益发展，千年舟大力倡导"0醛生活"，实现环保新高度，为消费者提供更环保更健康的家居生活。

"环保不仅仅是将产品中的甲醛控制下来就行了，而是要像欧美国家一样坚持全方位的环保理念，从原材料的使用到工厂的运行、对社会的影响，都是环保的。"2018年1月份，以"绿动未来"为主题的千年舟"绿色健康家"2018品牌战略发布会在杭州举办。

千年舟始终围绕"品牌、环保、品质"的创业初心，以"缔造健康居家·引领品质"作为企业的崇高使命，积极响应"一带一路"战略目标，结合国家"建设美丽中国"的宏伟蓝图，通过"绿色供应、绿色设计、绿色智造、绿色产品、绿色服务、绿色公益"六大维度打造"绿色健康"品牌理念，推进中国建材家居产业健康发展。

生长

在陆铜华看来，任何产品都是有生命周期的，都会随着生命周期的结束而消亡。因此，无论何时都要随着时代的发展而不断进行转型。

马云在2016世界浙商上海论坛上曾提出："未来的20年至30年，很多的变化会超越大家的期望和想象，我认为现在是一个伟大的时代，而一个了不起的时代往往是一个变革的时代。"接下来会是怎样的一个时代？家居市场和消费需求会有怎样的变化？面对变化，又将如何转型升级？

近两年来，"互联网+制造"也就是"工业4.0"的概念越来越多地被大家提起。而"工业4.0"则指向一个核心，就是智能制造。《中国制造2025》

战略中，智能制造也是极其重要的一部分，陆铜华表示智能制造是自动化生产配置，对千年舟而言智能还包括智能终端对产品体系的跟踪。

澳思柏恩工厂就是千年舟智能制造的例子之一，引进德国工业4.0最新设备，德国EWK环保设备、八尺连续压机设备，以及钻石辊辅装机皆为国际一线水准，实现了自动化、智能化绿色生产。

对于中国的传统制造业而言，转型实际上是从传统的工厂转型到4.0的工厂，整个生产形态上，从大规模生产转向个性化定制。

家居建材行业的4.0时代会呈现怎样的一番景象？

在陆铜华看来，首先，网络客户端与实体的结合是现在就在进行的，千年舟很早就进入了电商，并致力于打造千年舟家居商城一站式购物平台。其次，在工厂生产加工环节，陆铜华正全力推进自动化，加大整体定制工业园建设。最后，陆铜华从市场趋势判断全屋定制是消费者需要的，所以率先推出全屋定制的产品，同时配套智健系列产品。他认为不久的未来，消费者对个性化产品的追求和亲自参与家居打造过程将成为新的趋势，所以未来将提供容易让消费者自行组装构建的材料和产品。

在全屋定制领域，千年舟将根据未来市场变化，更多地思考如何快速切入终端，增强品牌在终端市场的影响力。

从1999年第一块杉木芯细木板下线，2006年成功研发E0级系列板材，2009年行业首推免漆板，2015年负氧离子产品获七项国家专利，2017年LSB板实现环保新高度，到如今，新材料的研发与应用，让绿色人居事业充满发展的生机，让更多家庭有了更环保的板材选择，让"给你一个绿色健康家"成为现实。

2019年，千年舟又斩获"产品星搭档奖""原创产品智造奖"两项殊荣。

陆铜华说，"20年我们只做一件事，就是做一张放心板。而这，绝对不仅仅只是一个口号。"

茁壮

在千年舟集团，陆铜华坚持文化引领战略，党建助力发展。

以文化人，润物无声。

多年来，千年舟坚持以人为本，营造改进与创新环境，助力员工实现自我发展。从管理人员、专业技术人员、生产人员、营销人员四条线明确晋升路线。不仅让员工在工作过程中实现个人能力和价值的提升，同时着力于家文化的打造，提升员工的企业归属感。

图 / 千年舟2019年会集体照

"在千年舟最大的感触，就是温暖。"一名千年舟员工如是说。

未来是属于年轻人的，陆铜华认为要注重培养年轻团队，与企业共同成长。

正所谓十年树木，百年树人。为搭建人才培养体系，经过多年的摸索实践，陆铜华制定了"四木人才"培养计划。"四木"即苗木、椴木、榉木和红木。

对于不同的人才梯队，千年舟制定了不同的培养方式。

2018年，千年舟集团创新人才引进模式，分别与南京林业大学、浙江农林大学和湖北民族大学建立校企合作与公益助学项目，为人才定制战略赋能。在四木人才培养方面，千年舟集团每年基本上都会投入近300万元。

千年舟积极履行企业社会责任，坚持"追求卓越·回馈社会"的文化核心，并将每年的3月12日指定为公司的"公益品牌日"。2018年1月，千年舟集团联合思源·彩虹公益基金会发起"千年舟绿色健康+扶贫项目"公益计划，确立以"围绕产业、绿色环保、精准扶贫、授人以渔"为原则打造绿色扶贫项目。大力保护森林资源，鼓励林农植树造林。并先后在云南师宗、山东郯城等地实施绿色扶贫项目。

陆铜华觉得，当地农林只有脱贫了才会想到去保护森林环境，因此脱贫和公益是离不开的。同时，这也是积极响应习近平总书记脱贫攻坚战的表现。

2007年，千年舟积极鼓励当地林农植树造林，保护森林资源，使当地种植林面积由当时的8万余亩达到2018年底的110万亩，带动了8.2万林农受益和当地经济可持续发展，同时推动了当地的环境保护。

当下，陆铜华把承担社会责任的焦点放到竹资源利用上。竹子无人砍伐会影响生态环境，枯死的竹子不去处理可能造成森林火灾，陆铜华却认为，竹材是做人造板优良的原料，"以竹代木，以竹胜木"迫在眉睫。他呼吁政府早日出台政策细则引导竹制品在建筑模板、高铁动车底板上的运用，带动贫困山区竹农创收，也还山区一片秀美的竹林。

斗转星移，岁月如歌。从1999年千年舟成立到2019年，20年的时间，千年舟已发展成一家拥有1700多名员工、近3000家终端门店、旗下16家分子公司的集团化企业。

凡是过往，皆为序章。20年，是一段旧时光的终结，亦是一段新纪元的开始。

让千年舟始终成为行业的引领者，是陆铜华的不竭动力。

END

金梅央

"咖啡皇后"屹立不倒

金梅央：浙江两岸食品连锁有限公司总裁、总经理；中国烹饪协会副会长；杭州市咖啡西餐行业协会会长；公益中国慈善联盟副会长；浙江省餐饮协会副会长；浙商理事会执行主席；浙商女杰主席团主席；世界女社大赛浙江赛区副会长；河南浙江商会副会长；杭州台商协会副会长；重庆浙商协会副会长。

　　金梅央，浙江两岸食品连锁有限公司"两岸咖啡"总裁。生于浙西南绿水青山的小城缙云，20世纪80年代末，她怀揣着对美好生活的向往，在浙江义乌开始了创业生涯，开过纺织厂、拉链厂，也从事过电子和房地产投资。20世纪末，她与丈夫台商杨进发在美丽的西子湖畔，开始经营咖啡西餐连锁业，开启了中国咖啡事业的十余年征程。

　　20年间，她紧跟祖国改革开放的步伐，凭借长久的投资目光和广阔的视野，白手起家创办了属于自己的咖啡帝国，被誉为"咖啡皇后"。2013年，她以一腔民族情意，投资了兰州通用机器厂，成为百年兰通的新掌舵者，让这个有着

图／金梅央

146年历史的西北老牌民族企业，迎来"浴火重生"的机会。

她是新时代的奋斗者、创造者、受益者、见证者，也是女性浙商群体中的佼佼者。金梅央的创业历程展现了她的智慧、坚韧、柔情和责任，具有催人奋进的精神引领力量。

条条大路通"两岸"

曾几何时，喝咖啡作为人类历史上困乏时提神醒脑的伟大发明之一，如今对各种商业模式和思维也产生了意想不到的"提神"效果。

作为一家老牌企业，两岸咖啡身上有着过去和未来两种截然不同又一脉相承的印记。

在经营咖啡西餐连锁之前，金梅央在义乌从事制造业，拥有一家近1万名员工的大型拉链工厂。20世纪末，随着改革开放的不断深化，中国与外国人做生意越来越普遍，喝咖啡吃牛排在商务人士中悄然流行。

"那时和外国人谈生意大多约在五星级酒店，但酒店大堂人来人往、闹哄哄的，并不适合商务洽谈。"金梅央回忆说，那时咖啡是个舶来品，一百多元一杯，每家生意都很兴隆。

在做外贸的那几年中，她开始观察和研究西方的模式。"相比国外的快餐厅、西餐厅、休闲场所，当时我国大陆在咖啡店方面是一块空白。"感叹之余，她看到了餐饮业有难得的商机和广阔的市场。于是，金梅央就找到了台湾的合作伙伴，进入咖啡行业。

1996年，台湾上岛咖啡到大陆。创始人陈文敏有品牌但没有资金，金梅央有资金，但没有品牌。双方经过协商，达成了股份分配比例后，正式在义乌小商品市场做起第一家咖啡店，这就是她一手打造起来的上岛咖啡华东第一店。

就在金梅央把自己所有的积蓄投入到咖啡店时，遇上了与上岛咖啡的商标之争。经过三年的商标维权，在这场持久战中，获胜的金梅央决定自创品牌。她把原来经营的咖啡店全部改名为"两岸咖啡"。

"星巴克是西方自助式的简餐，缺乏人情味。中国的人情文化无可取代，所以我们的定位是商务咖啡。"金梅央坦言，一直以来她的梦想就是打造中国人自己的咖啡连锁品牌，她为此付出的心血无人能及。

打造咖啡标准

1999年，在还未叩开新世纪大门的中国，咖啡事业的发展已经蒸蒸日上，金梅央第一次发展了连锁加盟事业。随后的几年间，属于两岸咖啡的黄金时代来了，金梅央的事业版图不断扩大，一路开疆拓土，从原来的一家做到百家，百家做到千家。

此时，心思缜密的金梅央也感觉到，市场在发生着细微的变化。"做餐饮就像做公益，高成本低利润的难题一直困扰着我。" 她说。

为了节省成本同时提高效益，2007年金梅央开始着手规范直营体系和加盟体系，在行业内率先引入了SOP标准化信息管理系统。2008年初，两岸咖啡的快速发展受到高盛集团的关注，最终获得了高盛和华生资本3000万美元注资。金梅央根据两岸咖啡实际作业过程中建立的数据，把SOP系统再次升级。

"最显著的效果是原来通过手工完成的事情现在靠信息化都能解决。"她说，在诸多成本居高不下的经济环境中，两岸咖啡的竞争优势得到了明显的提升。

此外，金梅央还以高瞻远瞩之魄力，投资建立两岸咖啡的"中央厨房"。两岸咖啡的店面大多坐落在城市的黄金地段，寸土寸金。她以200公里为一个单位，原材料集中采购加工、统一配送，用规模化来降低成本。这样一来，不仅材料成本大大减少，门店成本也得到了合理的压缩。原本100多平方米的厨房减小至50平方米，极大地减少了开支，达到了节流的目的。

有趣的是，当时她把几千万元投入到后勤系统的"另类"做法还被业界很多人嘲笑，但如今，两岸咖啡的"后厨"已成为全国前列的大型餐饮中央厨房。"其实企业要做久、做强，绝对要把后勤系统先搭建好。像造房子一样，得先把地基打牢。"她如是说。

金梅央把两岸咖啡定义为等待丈夫回家的妻子，不管丈夫在外头打拼得多么辛苦，总要回家，也一定会受到妻子无微不至的照顾。两岸咖啡的客户群体以商务客户为主，她要求自己的员工为这些职场上打拼的客户提供最周到最细致的服务。她也深知，做企业要经营好员工，才可以经营好客户。管理员工不能强硬地只按照制度行事，这样一来会过于强硬，缺乏人情味。

因此，两岸咖啡坚持把人情化管理和制度化管理相结合，让所有的干部、员工都能轻轻松松上班，开开心心回家。公司制定了完善的薪资制度和培训升迁制度，由于有着良好的经营机制，员工稳定性非常强，中层干部几乎没有流失。"在我的公司，十年工龄的员工都算是新员工。"金梅央自豪地说。

2012年开始，为压缩人力成本，金梅央开始精兵剪裁，培养复合型人才。"以前一个萝卜一个坑，现在一个萝卜多个坑。培养全能型人才，一人多能，这样才能在市场有多一些的发展空间。"

两岸咖啡要打造一个全国最大的商务平台，要打造一个属于中国人自己的西餐咖啡国际美食品牌。2015年，两岸咖啡在全国拥有门店超过800家，员工总数超过45000人，集团营收超过数亿元，居大陆咖啡西餐厅行业龙头地位。

自我认证

要想长久地生存下去，金梅央依旧认为打造自己的咖啡文化非常关键。

在硬件上，金梅央曾要求两岸咖啡门店的装修要达到五星级饭店的标准；中央厨房在国内餐饮业也是开创先河；西餐也不是原封不动地从外国引进国内，而是根据中国人的口味改良过的。

相对而言，两岸咖啡的中国元素在硬件上是比较模糊的，那么最具代表性的中国元素又体现在哪里呢？金梅央的回答是"家"和"沟通"。

"成功沟通，始于两岸"，沟通是两岸咖啡企业文化中最为核心的一点。两岸咖啡最早的定位是商务人士，这一群体对咖啡的需求相对更强，更需要环境去沟通交流，两岸咖啡最开始做的就是提供沟通的环境，这是其获得成功最重要的因素之一。

"家"，意为让顾客"宾至如归"，是区别于外来咖啡店最根本的所在，因为"家"在中国人的心中是有特殊含义的。金梅央说："我告诉店员，要像照顾自己家一样维护着门店的所有细节，像对待家人一样对待每一位来到两岸咖啡的顾客。"

如果你去过两岸咖啡，就会发现，那里和瑞幸以及星巴克完全不同。两岸咖啡的多数门店空间都很大，餐厅里有着宽阔舒适的沙发椅和形状齐全能够满足不同人数的实木桌，背景音乐也是轻柔舒缓的古典钢琴曲，吧台上摆放着装备齐全的咖啡道具。在靠窗的位置永远有商务人士，以及咖啡和西餐。

这样看来，两岸咖啡似乎颇具"古典派"的韵味，像一位高雅的中国绅士。金梅央曾说："我希望先把企业做稳，我的目标是根植中国文化，打造中国人自己的餐饮帝国。"两岸咖啡目前已成功经营咖啡西餐厅、铁板烧、木之兰日本料理等多项成功的餐饮品牌。可以看到，经过品牌提升和文化整合的两岸咖啡，已经不再是单纯意义上的咖啡店。

竞争者的重要性

2019年，当后起之秀瑞幸咖啡只花了一年半的时间，就被"抬"到了美国纳斯达克的门口时，惊醒了一头看似沉睡的"猛狮"。

两岸咖啡求变，计划在原有的堂食基础上分离出一支全新的迎合年轻消费群体的子品牌。2019年伊始，两岸咖啡新的行动与具体的发展方案才最终出炉。两岸咖啡推出新的子品牌"两岸小栈"，属于小型咖啡厅轻餐模式。新品牌的目标客群锁定在80、90后的年轻白领消费族群，餐饮品内容主推健康、轻食、养生、时尚、快速。

对两岸咖啡来说，这是一个新的开始。两岸对两岸小栈的规划是：三年内在全国各地开设200家左右。要完成这一目标，按照原先在城市大街上开门店的路子显然不是明智之举。两岸小栈需要一个找到最贴近消费者、最显眼、最具有竞争力的地点。高铁和机场，是再完美不过的选择了。

到了2019年下半年，两岸小栈在全国十几个城市落地开业。截至目前，两岸小栈的直营门店覆盖了全国28家大机场，其中大多是类似于杭州、长沙、哈尔滨、乌鲁木齐、贵阳、昆明、青岛等客流量大、旅游景点多、消费能力强的城市机场。在高铁站方面，两岸小栈的选址深耕中短途站点，挑选了那些适合商务和旅游的老牌城市，比如温州、成都、重庆等。随着CET的逐渐推广，两岸咖啡也将目光盯住了高速公路服务区。同时，在城市中的百货公司、医院、学校或写字楼群这类具备强烈商务和生活场景的地点，也有两岸小栈的身影。

要在激烈的市场竞争中站稳脚跟并不是一件容易的事。两岸小栈依托母公司两岸咖啡餐饮集团的成功经验与庞大健全团队的组织力量，全力开发小型咖啡厅市场领域。金梅央说："从开大店改为开小型店，两岸咖啡驾轻就熟，方方面面都能做到十分完美！"

瑞幸的急速扩张与上市确实令人惊叹，但并没有让金梅央有很强的压迫感，她反而从中看到了咖啡行业更多的希望和可能。

20多年前，金梅央正式跨入咖啡行业，随后凭借高标准化的连锁模式唤醒了国人对咖啡的认知。金梅央认为："西方原先也没有咖啡文化，中国文化是独特的，我们要将中国元素融入咖啡中，打造我们中国人自己的咖啡文化。"走国际化连锁模式的星巴克自然就成了两岸咖啡最大的竞争对手。

从前，在星巴克喝一杯咖啡，对许多人来说是一种身份的隐形象征。但瑞幸咖啡的急速上市，似乎预示着消费者对咖啡店的认知已经发生了质的改变，咖啡店正从休闲聚会的第三方场所，回归自身本质——卖咖啡的店。咖啡市场的边界被扩大了，新的用户习惯已经形成。咖啡市场从未像今天这样，充满着无限的可能。

丰碑不倒

面对资本的推波助澜，以及互联网和新零售的营销模式，两岸咖啡似乎显得有些老派。但在产品品质、服务细节、管理模式上，两岸咖啡已经积累了近20年的实战经验，这是鲜有人可比的。

从店面选址的精挑细选到管理体系的升级换代，一系列坚实可靠的"基建工程"为两岸咖啡无形中增加了许多可依靠的"背后力量"和"曝光度"。商业战场风云莫测，咖啡行业日新月异。两岸咖啡是一位功勋老兵，在新时代风云中，承继过往，开拓创新，一杯醇厚的"两岸咖啡"，不仅有时间的沉淀，更蕴含着全新的可能。

两岸咖啡稳定根基，为的是准备长久战斗，抓住稍纵即逝的机遇。"咖啡这个产品本身得打持久战。只有维持稳定的盈利状态，才能在这场持久战中存活下去，我们都知道只有活着才有未来可言。"金梅央说。

END

曹方红

军旅生涯与
商界风云的家国人生

曹方红：退役军人；宁波润家餐饮有限公司董事长。

　　"我没有做过什么惊天动地的大事，但我觉得我这辈子最骄傲的事情，就是我曾经是一个兵。我扛过枪、站过岗、放过哨，保卫过祖国的和平，心里装着我的国家。我觉得自己，无比光荣。"年届六旬的曹方红，至今回忆起自己的从军经历依然激情满怀。也正是28年的军旅生涯，让这位出生书香门第的皖西南汉子在儒雅之余，又增添了几分军人特有的坚毅与豪情。从军、提干、移防、转业、创业……在旁人看来，曹方红的每一次转身都那么从容优雅，每一步成功都显得水到渠成，却不知其中的抉择与付出同样艰难而坚韧。

图／曹方红

心怀理想，他是把家国使命系于己身的那一代人

"习武振军威，守岛固海疆"。这是曹方红在自己待了14年的花鸟岛上曾经写下的十个大字，也是他守卫祖国东海前哨的生动写照。

曹方红出生在一个特别的时代，饥荒和贫穷是彼时中国的最大现状。儿时的拮据生活，历练了他甘于吃苦、不怕吃苦的优秀品质。曹方红的父母亲是伴随新中国成长起来的知识分子，是非常敬业的人民教师，在那个年代出生书香门第的他，耳濡目染之间，比同龄人更多了一份抱负与理想。1976年，高中毕业刚刚19岁的曹方红坚定地选择了成为一名人民子弟兵。

"去祖国最需要的地方，用青春点燃最亮的光。"是那个年代所有年轻一代人的信念。曹方红也不例外。

初入军营的他被分去驻守祖国的东海前哨，那是位于嵊泗列岛最北面的一座小岛——花鸟岛。时隔43年，曹方红至今还记得第一次登岛时的场面，从家乡安庆到上海，再由上海到花鸟岛，那批新兵在长江和大海上整整"漂"了38个小时。登岛的时候恰逢赶上8级大风，猛烈的风卷起千层海浪，行驶在海面上的小渔轮摇晃的厉害。"不少人都吐的七荤八素的，严重的都吐出血来了。"有的新兵因受不了海上的生存环境甚至产生了回家的念头。作为新兵班长的曹方红一边克服自己的身体不适，一边鼓励同龄的新兵们，既然选择来当兵，不管条件怎么艰苦，也决不能当逃兵，大家在相互激励互相照顾中，安全到达了驻地小岛。

第一年新兵下连队刚好四个月的时候，就遇上了八一建军节。曹方红至今都记得，当时地方政府为他们送来西瓜慰问，海岛女民兵们来到军营里帮

助守岛官兵洗被浆衣，他第一次真切地体会到军民鱼水情，尤其是在远离陆地的飘摇小岛之上，一种"守岛为国、拥政爱民"的情节在曹方红内心自此扎根。

1976年9月9日，一代伟人毛泽东逝世。

当天，身为侦察兵的曹方红还在野外训练。接到紧急集合的通知，下午3点半的时候宣布了开国领袖毛泽东去世的消息，举国哀丧。随即宣布进入一级战备状态，军营里除了站岗放哨的以外全部集合到坑道，枪支弹药全副武装。当天晚上，年仅19岁的曹方红写下了自己人生中的第一份"遗书"。所有的士兵，把手指头扎破，用血指写下自己的个人决心以及对家人想说的话，最后写上家庭地址，署上自己的名字，部队里所有的人都做好了"誓与国家共存亡"的准备。也是在那个时候，曹方红深切地感受到了军人身上的责任感和使命感，体验了什么叫"时刻准备着"。

"天无三日晴，地无三尺平"是20世纪七八十年代花鸟岛的真实写照。由于岛屿太小，以及环境原因无法种植农作物，绝大部分的物资全部都要从大陆上运送过来，一旦遇到大风特别是台风时候，连最有经验的老渔民也不敢驾船上岛，往往是整整一个星期甚至更久的时间没有补给，官兵们用酱油汤拌饭是常有的事。

说起1990年的那场台风，曹方红至今记忆犹新。花鸟岛正处于台风的中心地带。岛上所有的电线全部被刮走，连电线杆都吹歪了。有些没来得及上岸的渔船无法靠岸，情况十分紧急。已经身为营长的曹方红迅速组织岛上官兵进行救援，除了留下必要的值班人员外，他带领其他人全部投入到遇险船只救援工作中。为了防止官兵们被台风吹走，他指挥战士们用背包带相互串联起来，"像糖葫芦一样串在一起"。就是用这样土而管用的办法，让遇险渔船和救援官兵全部安全脱身。"通过这件事真切让我感受到什么是人民最需要的时候，也更加深刻地体会到军人的价值！"曹方红动情地说。

花鸟岛很小，只有3.28平方公里，曹方红几乎闭着眼睛都能走到每个高地。岛上唯一的一条步行街，只有10米长，他走了无数次，却从来没有想过离开。此后的18年间，他三进三出花鸟岛，先后在这个前沿特类小岛上坚守了14年。

将门出虎子，书香传家训。2000年，曹方红的儿子以舟山市文科状元的身份考入北京大学。这也是上天和家人给这位守岛老兵最好的回报，此时的他也调离了偏远小岛，到舟山本岛驻军委以重任。在送儿子报到的间隙，他第一次在北京天安门广场亲眼看见升旗仪式。国歌响起，红旗缓升。这位不惑老兵热泪盈眶："我们在花鸟岛保卫的，不就是这面五星红旗吗？！"

2004年12月，曹方红作出了此生最为艰难和不舍的抉择：转业到地方工作。穿了28年的军装一朝脱下，那种割断之痛像是脱层皮。但他坚信，这何尝又不是一种涅槃新生。28年间，他有一半时间工作在最偏远艰苦的特类小岛上，从班长、排长、连长、营长，成长为一名团职军官。其中艰苦无以诉说，但人生走过的路，每一步都算数。没有当年的艰难困苦，又哪来后来的玉汝于成；没有昔日的守岛之志，又怎能孕育今天的家国胸怀。

心中有国，走到哪里都是服务人民的主战场

作出转业决定后，曹方红本可以凭借当年同级别军转干部档案综合考评

排名第一的优势，在体制内谋得一官半职，仍然端着让人羡慕的"铁饭碗"，过着朝九晚五有规律的生活，退休后可以享受悠闲的养老时光。但他没有选择安逸，反而像当年上岛一样毅然决然地选择了自主创业，这一决定几乎让身边的所有人始料不及：放着好好的安稳日子不过，快50岁的人了偏偏拿后半生作"赌注"，万一创业失败了岂不是人财两空。

部队老领导听说他要自主择业，登门给他做思想工作，拿宁波的公务员待遇跟他做比较；好友不理解他的决定，三顾拜访，彻夜沟通，生怕他是一时冲动作的决定，以后会后悔；亲戚得知他不要国家安排工作，自己去创业，劝他以身体为重，现在生意不好做，还是稳当点好。

亲朋好友的不理解不是没有道理的。一则是他常年在部队高强度高压力的工作给他的身体造成了不少的创伤，做一个安稳的工作也适合他调养身体；二则是他已经47岁了，此前一直在部队工作，对社会特别是经商没有多少直观的感受，从来没经历过商海的打磨，更不要讲一穷二白，一切都从零开始了。

可曹方红不这么看："我虽是自主创业的'三无人员'（无强壮身体，无经商经验，无雄厚资金），但我身患慢性疾病，不能占着位子、拿着票子而不讲贡献，这样下去我将难以心安。"部队讲求的奉献精神已经像烙印一样镌刻在他心里。

一朝从军，终身为兵。军人的宗旨就是全心全意为人民服务。曹方红虽然已经脱下戎装，但无时无刻不在以自己的实际行动诠释新时代的军人宗旨。"我要有勇气去再为国家做点什么。"他从来不把自己看成是一个慢性病人，凭着军人特有的那股不服输、不怕苦的坚韧顽强和拼劲闯劲。

不要组织照顾，只为国家分忧。曹方红从零起步，从头开始，撸起袖子，甩开膀子。义无反顾地踏上了一名军人的创业之路。

2006年，他在舟山成立了舟山润家餐饮有限公司。

2007年，迁址宁波，改名宁波润家餐饮有限公司。

万事开头难。公司成立后，一无资金，二无专业人员，三无稳定客户。曹方红带着两位退役战友从第一家招标单位开始，亲自查行情、做标书、谈优势，用详细的市场调查、服务承诺和一句掷地有声的"我们退役军人做事绝对是讲政治、敢于负责、勇于承担、信守承诺"。从众多投标单位中脱颖而出，拿下了镇海发电厂食堂的餐饮承包第一个订单。那一刻，曹方红和他的战友们没有太多欣喜，考虑更多的是履行企业责任的担当和路径。

餐饮安全是曹方红和他的润家公司始终坚守的底线。创业之初，由于缺

图 / 润家餐饮经营的食堂

乏专业管理人员，从采买洗切到后厨加工，每一个环节他都要亲自把关，第一个试尝试吃，每天交接班都要交代卫生事项，把严格有序的部队管理有效嵌入到企业管理之中。润家公司成立10多年来，正是凭着这种"寓军于企、严格规范"的企业管理模式，让它在竞争激烈的餐饮行业不仅抵住风险，而且越做越强。

在曹方红的带领下，宁波润家餐饮公司名声不断外溢，公司相继成为中国工商联合会会员、浙江省餐饮名店、浙江省3·15金诚诺优秀单位、宁波市信用管理示范企业、镇海区餐饮行业协会理事单位、镇海区企事业诚信单位、镇海区旅游团队接待推荐单位。在经营管理的食堂中，有8家食堂被省、市职能部门评为餐饮服务量化分级管理A级单位并受到表彰。2014年10月以来，公司先后通过了ISO9001：2015质量管理、ISO14001：2004环境管理、ISO22000：2005食品安全管理体系、OHSAS18001：2011职业安全管理四大体系认证。

公司700多名员工来自全国13个省份，有转业退伍军人、下岗工人，相当一部分是四五十岁的中年人，他们大都因学历、年龄、专业受限，到人才市场竞聘并没有什么优势。而曹方红始终坚持"一人富不算富，大家富才是富"的利益共享原则，每个人都有凭合法劳动获得报酬的权利。在他看来，"润家润家，既是企业也是家，是每名员工的第二个家"。公司发展至今，部分中层管理者实现了"三年买车、五年买房"的愿景，而每当得知员工买车购房的消息，他都喜上眉梢，为他们而高兴。每到佳节来临，他总是走到一线和员工们在一起聚聚餐、喝点酒，拉拉家常；每年润家员工子女在当地上学，他都会积极协调帮助解决；每次工作人员有个头疼脑热，只要他知道都会安排去看望慰问……

　　"我觉得即便是退役以后，也要有为人民服务的精神。国家需要保家卫国为人民服务的军人，也需要为人民服务的各行各业的工作人员。我的公司现在不大，只有几百号人，但是解决一些就业问题，也算是为国家分忧。"这是曹方红常常挂在嘴边的一句话。现如今，"在不同的位子、不同的岗位，都要为国家做贡献"已经不仅仅是他个人始终秉持的人生信条，也逐渐成为润家公司全体员工的共同精神财富和企业文化。

心存感恩，在爱中成长又将大爱反哺社会

　　从风华老兵到跨界儒商，曹方红一路走来，步履铿锵，一步一个脚印，每一点进步和成功都是用智慧和勤劳换来的。但他一直觉得，自己是一个幸运的人，是亲人朋友的爱给予了他前进的动力。他所做的一切，都有一份深沉的感恩情怀。

　　曹方红经常在公司的例会和交流中，给他的员工上"思想教育课"，引导大家要做一个懂得感恩的人：要感恩这个时代，没有习总书记领导下开创的新时代，就没有国家的富强安宁，更没有企业的稳步发展；要感恩这个社会，社会上每天都在发生积德行善、励志向上的凡人壮举，正能量的故事像阳光一样照耀在我们身边，让我们工作安心、生活舒心；要感恩父母长辈，身体发肤，受之父母。没有父母的生养之恩，就没有今天的你我，尽孝道、尊长辈、敬老人，是每个润家人基本的道德要求；要感恩亲人朋友，自主创业也好，外出打工也罢，我们从来不是一个人的战斗，身后有妻儿老小，身

边有朋友同事，没有他们的支持帮衬，再多努力也是事倍功半。

曹方红19岁离家，28年军旅，47岁创业，如今年过花甲事业有成。期间的经历不说风云激荡、跌宕起伏，也是大浪淘沙、阅人无数。在他的生命中，有三个人对他的影响至深：父亲、妻子和亦兄亦友的战友。

曹方红的父亲是生于旧中国、长在新中国的知识分子。经历了那个年代最为刻骨铭心的"文化大革命"。坚持真理、一身正气，是他对父亲最深刻的记忆，也是镌刻到曹方红骨子里的传承基因。有一段时期，知识分子在中国是一个很尴尬的身份，但父亲从不避讳，对的就是对的，必须坚持，积极与不良风气做斗争，不畏挫折阻力，一心教书育人。在曹方红很小的时候，父亲就教育他一定要好好学习，学习不是为了炫耀，而是为了有知识，明事理，报效国家。

"我的骨子里有一种不服输的思想，就是从老父亲那里传下来的。"曹方红每每谈及此事，仍然掩盖不住对父亲的崇敬与怀念。

曹方红的爱人是一位生于文都桐城的知识女性，也曾是他父亲的学生，随军之前也是一名光荣的人民教师。这么多年过去了，他还是习惯叫爱人为"章老师"。在曹方红的心目中，妻子章玉岩是一个有胸怀有格局的女性。"能上厅堂、能下厨房，孝敬爹娘、会教军娃……"他巴不得用尽赞美之词来形容自己的"半边天"。爱人用骄人的"成绩单"证明他也并没有言过其实：随军之前连年被评为"优秀教师"，独生子曹文在妈妈的教导下一路领跑考入北大，随军后在1991年被原南京军区评为"好军嫂"。

"我每次在十字路口的时候，都是她在支持我鼓励我。"然而曹方红对于妻子，始终心存亏欠。妻子生孩子的时候，曹方红依然守护在岗位上。妻子却在电话里对他说，"你安心在部队，我没关系。"简单的一句"没关系"，让曹方红坚定地认为这是他应该守护一生的女人。

后来选择自主择业的时候，在众人的不理解中，妻子是第一个站出来支持他，退休后又陪着他一起创业的人。曹方红饱含深情地告诉笔者："我可以放心地在前线冲锋，就是因为她始终在做坚强的后盾，她是我一直很感激的人。"

28年的军旅生涯，曹方红战友无数，铁杆众多。他最敬佩最感激的那个人叫徐德坤。

1983年，曹方红参加军校考试，在上海江西路371号的部队招待所与徐德坤相识。徐德坤年纪比曹方红大一点，总是对他照顾有加。即便两人是竞争对手，依然会把自己的书借给曹方红看，与他一起讨论题目。曹方红坦言，徐德坤是个胸怀宽广的人，如果不是他，自己很可能考不上。

幸运的是，同年两人均被原石家庄陆军高级步校（现隶属于中国人民解放军国防大学）录取，开始了两年的校友生活。那时候学校的操场上，每天都会出现两个人的身影，他们一起交流心得，坦露思想，建立了深厚的战友情、同窗谊。

此后的几十年，两人始终保持亲密无间的交往，两个家庭也处成了无话不谈世交之好，孩子之间都以兄弟相称。

1997年，曹方红被检查出来患有糖尿病，精神受到了很大的打击。回家暂时休息的那段时间。徐德坤听说吃南瓜可以减轻糖尿病，他就自己下菜地去摘南瓜，亲自开车送到曹方红家里，每天都陪他散步，宽慰开导他。

每次跟曹方红一起吃饭，徐德坤总记得点那两道菜——苦瓜、皮蛋豆腐，因为这两道菜是不含糖的，"其他菜点不点无所谓，这两道菜是必须要有的。"对于曹方红来说，徐德坤不仅仅是他的同学、战友，更是他的兄长。

"一路走来，受恩于他人，也必施恩于社会，这样我才心安。"曹方红的感恩情怀不是强加，而是心甘情愿；不是作秀，而是发自肺腑；不是偶发，而是历久弥坚。

28年的军旅生涯和13年的商界风云，走过半生，如今已经60多岁的曹方红，目光里依然闪着耀眼而坚毅的光。做人做事问心无愧，他便安心；祖国繁荣富强，他便开心。

END

蒋玉宇

30年烟火江湖，
许一场舌尖上的盛世繁华

蒋玉宇：杭州照晖冠江楼餐饮有限公司董事长；杭州国芳投资有限公司总经理；杭州国芳置业有限公司总经理；浙商女杰理事会常务副会长；慈善爱心委员会会长；2004—2005年度浙江餐饮行业明星企业家；2011年浙江餐饮行业杰出女企业家；2014年浙江餐饮业金鼎杯风云人物；2014年杭城时尚风云人物；2015年度聚心公益优秀会长奖；2015年公益大使奖；2017年杭州餐饮行业突出贡献奖；2018年纪念改革开放40周年杭州餐饮"四十年风云人物"；2018年改革开放40周年——巾帼浙商；2018年改革开放40周年浙江餐饮业卓越企业家；2018年第十一届浙商女杰——十佳年度人物；2018年改革开放40周年中国餐饮行业企业家突出贡献人物；2018年中国餐饮企业家精准扶贫突出贡献人物；2018年度爱心大使；2018年浙江工业大学聚心班一期优秀导师奖；2018年浙江省聚心企业家助学公益促进会爱心贡献奖；联合国2018年全球商界卓越贡献女企业家；2019年建国70周年·浙江餐饮业十大巾帼楷模。

李调元在《雨村词话》中这样评价李清照："盖不徒俯视巾帼，直欲压倒须眉。"这句话用在蒋玉宇身上依然一点也不为过。

她经历过风吹雨打，也尝过酸甜苦辣；她学会了无惧险阻，懂得了人情世故却不世故，始终选择与善良为伍；她自信、独立、坚强，从来都不做任何人的附庸，不依靠谁也不依赖谁，将自己这部大女主戏演得淋漓尽致，异彩纷呈。

2018年，蒋玉宇荣获"联合国2018全球商界卓越贡献女企业家"称号。对于蒋玉宇来说，这是一个里程碑式的荣耀。

图 / 蒋玉宇

在联合国妇女地位委员会大会的演讲台上，蒋玉宇深情地说："我从16岁起，承担起家庭的重担，靠着勤奋和坚韧的毅力走到了今天。能站在全球女性都为之向往的舞台上，我感到无比的荣幸和自豪。这份荣誉，算是为我过去30多年的人生之书贴了一张封面。"

她做过厂里职工，当过售票员，干过货运，开过旅馆，最终投身餐饮行业，30年烟火江湖，树立起杭帮菜的一面旗帜，许一场舌尖上的盛世繁华。

碧玉年华，像风雨花般成长

蒋玉宇少年时代的记忆，是不堪回首的。

家境贫寒外，因为母亲患病，嘲笑、冷眼、孤立，伴随着蒋玉宇走过了整个童年时光。唯一的一点光亮，是她的班主任给予她的关怀。

她渴望读书，却不得不在16岁的花季年华选择辍学去罐头厂上班贴补家用。

1985年，蒋玉宇成为杭州市公交集团公司的售票员，后做调度员。在工作中，偶然的一次机会让她接触到了货运，也是在那段时间让她对货物运输积累了一定的经验和个人想法。

20世纪80年代，恰逢改革开放的大浪潮，受人人都能当老板的思潮影响，喜欢尝试新事物的蒋玉宇经过仔细考虑，向邻居长辈借了3万块钱，买了辆旧车，开始了自己的货运创业之路。

然而，事业起步的第一年，命运就给了她一记重击。

蒋玉宇至今都还清楚地记得，那是大年三十，本应是阖家团圆喜庆祥和的日子，却成了她那年最深的噩梦。货运司机在送货的路上偏偏遭遇抢劫，不仅人被捅伤，连运输的货物也被洗劫一空。

那时候，创业借来的钱还没还清，司机在手术室又急需医疗费用，蒋玉宇不仅要面对高额的货物赔偿，还要安抚受伤驾驶员家中八个姐妹的追责。

所有的责任都落在了蒋玉宇一个人肩上，似有千斤重，压的她喘不过气来，在接电话的公共电话亭哭了一个多小时。可是擦干眼泪，路还是要自己走，问题还是要自己去面对。

唯一的一条退路，是咬着牙往前。

蒋玉宇鼓起勇气再向邻居长辈借钱，独自一人坐上火车去处理这一系列的事。

也因这件事，让她成长了。她觉得，再没有什么大风大浪可以让她退缩了。

为了还债，她既做货物运输，还承接旅馆经营。"当时拉人，4毛钱一个人，我一晚上能拉100多个人。有的时候，我的旅馆人满了，就把客源卖给旁边水泥厂旅馆，卖8毛钱一个人。"那时候蒋玉宇的时间，是掰开了揉碎了再利用的，恨不能把一天24小时变成48小时。

凌晨3点去公交公司上班，下午1点下班后赶紧接货物单跑运输，晚上又拿着喇叭去火车站接客人。

她把留给自己的时间压缩、再压缩，她把自己逼到可以承受的极限。

蒋玉宇觉得，既然选择成为强者，就不再眷恋小我和浪漫。女性要独立，要自由，不要成为谁的附庸。

等还清全部债务后，蒋玉宇已经拥有了一个由七八辆车组成的运输小车队。

"有时候你不逼自己一把，你就不知道自己的上限在哪儿。"

与餐饮结缘，开启新篇章

1988年，22岁的蒋玉宇在市一医院对面的图书馆旁开了一家名叫"黄金屋"的小饭店。

那是她进入货运行业的第三年，在做旅馆的时候，由于每天要去火车站接客人，忙完以后每天去当时街边的小面馆吃夜宵成了蒋玉宇的日常，久而久之便对餐饮有了热爱。

饭店只有3个包厢，每天早起买菜都得她自己操持。

"那时候，杭州城里叫得上名字的饭店有天天渔港、万家灯火、大富豪、喜乐，装修气派，大老板都喜欢去那里吃饭。"蒋玉宇说，当年的她和许多个体户一样"仰望星空"，只可惜很多人没有脚踏实地，"冲进来了，又倒下了。"

"很多人觉得餐饮门槛低，都想做。其实，你一定要懂原材料、懂烹饪、懂服务，做餐饮看起来简单，门道很深的。"蒋玉宇说，20世纪90年代的客人嘴巴已经很刁了，"人家会看你的食材新不新鲜、做法入不入味，你糊弄不过去的。"

蒋玉宇坚信，餐饮的生命线在厨房，其次是服务。可惜，很多人没把其中的道理想明白，莽撞杀出的外行人终归铩羽而归。

"时代抛弃你的时候，连声'再见'都不会跟你说。"蒋玉宇在大浪淘沙中生存了下来，这才有了后来的冠江楼。

1992年，蒋玉宇结识了她生命中的贵人，这个改写她生命轨迹的人——杭州歌舞团团长毛文容。"她非常的睿智、慈祥，认识她是我人生新的转折点。"蒋玉宇的工作能力和为人处事，被毛文容所欣赏，不仅将她介绍到一个香港人开的酒店工作，更是将她收为干女儿。

起初，年纪轻轻而又长相姣好的蒋玉宇并不受香港老板信任，认为她只是"花瓶"，就让她去贷款做筹建工作。

幸运的是，蒋玉宇的坦诚和资金规划打动了银行，顺利贷到了200万元的资金。

靠着这200万元，蒋玉宇在花圃中筹建绿荫大酒店。她以超前的经营理念，在花圃中建造了十几间集吃饭和唱卡拉OK于一身的多功能小木屋，装修酒会大厅，还与电视台的导演联系，在花圃内开设酒吧、发展茶道等。这在当时的酒店行业，是一场革新。

也正因为有了这次成功，使蒋玉宇对发展餐饮事业更具有了信心。

当杭州花圃的成功模式成为一段佳话后，她却没有沉浸在甜蜜的赞美和骄傲中，而是选择另辟蹊径。她用自己多年的工资积蓄，在萧山开了自己的饭店——叙福楼，从此走上了餐饮业之路。

为了吸引客源，蒋玉宇推出了低于成本价的老鸭煲，并且每天挨家挨户发宣传单，天天特价半年以后，500平方米的饭店每天的营业额有将近5万元，而蒋玉宇也成了萧山名副其实的特价菜"开山鼻祖"。

乃至现在，冠江楼依然保留着特价菜的传统。

初心不改，始终热忱

21世纪初，源于对杭州的眷恋，蒋玉宇回到杭州开办冠江楼，落户于杭州历史文化街区吴山脚下的河坊街；2002年，蒋玉宇正式注册成立了冠江楼餐饮有限公司。

蒋玉宇始终觉得，企业跟做人一个道理，长久、健康、快乐，要活的长一点，好一点，要清醒看待当前，低调谋划未来。对餐饮行业来说，最重要的初心是"热爱"。她对这个行业的"热爱"是长久的，愈加深厚的，无可替代的。

"很多人以为餐饮是一块等着被人征服的高地，其实它是一个海拔极低的坑，一不小心就深陷其中。服务性行业还是有很多酸辣苦甜的故事，在困难面前我始终选择坚持和热爱。如果没有对餐饮的热爱，我坚持不到现在。由于热爱，我变得更加细心谨慎，不断突破自我，不断创新服务，回馈社会。顾客才是餐饮行业的本源，我们的使命很简单，就是让客人吃得开心。"

要想做好一个餐饮品牌，最重要的是对餐饮保持一颗匠人之心。

冠江楼非常注重保留餐饮文化，在引进和开发新菜式时，注重适应本地化的口味。在传承杭帮菜的韵味、保存食材原本的味道、保留老一代师傅的制作工艺的同时，能够根据菜单上菜肴的点击频率，调整和改良新的菜式，将杭帮菜重新演绎。

一晃二十几年的光景，冠江楼这个名字已经深深地印在了杭州人的脑海里。人们会在吃饭的时候不自觉地想到，"喏，冠江楼，很老的一个餐饮品牌了。"冠江楼成了很多人朋友聚会、家人宴会的常去点，若是到了晚上，如果不提前预约，十有八九是没有位置的。

二十年如一日的坚守，以及对菜品的孜孜以求，使冠江楼成了杭州餐饮界重彩浓墨的一笔，横亘舌尖，盘旋心头。

冠江楼在杭州人的味蕾印象中，绝对是不可取代的独一无二。

与时俱进，美味经典，应该是最好的写照了。冠江楼虽不是杭州特色名吃云集，却足以代表这座城的味道。

也正因如此，冠江楼成了杭帮菜绕不过去的一个名字。

为树立行业标杆，表彰先进典型，在首届中国浙菜世界大会暨中国浙江（国际）餐饮美食博览会第九届浙江厨师节开幕式上表彰了一批新中国成立70周年为浙江餐饮发展作出突出贡献的先进个人和先进单位，蒋玉宇荣获"建国70周年·浙江餐饮业十大巾帼楷模"。

叱咤商场，热心公益

蒋玉宇无论做什么事情，一直在孜孜不倦地专研和学习。不仅学习先进的经营管理，还自学了多门课程，考取学位。她不仅自己学，还积极带动和鼓励公司的管理层、员工们学。

在冠江楼，蒋玉宇会要求每一位新人学徒向老师傅们进行拜师仪式，这不仅传承了匠人精神，同时也是一种对时代的思考。

她始终强调，要相信学习和坚持的力量。

也正因如此，一次偶然的机会，蒋玉宇结识了甘肃国芳控股集团董事长张国芳。甘肃国芳控股集团是西部的大型连锁零售业的龙头。张国芳出于对蒋玉宇的欣赏以及对人才的注重与渴求，曾多次邀请蒋玉宇加入。2013年，蒋玉宇再次挑战自我，正式加入国芳控股，负责国芳房地产浙江、上海、北京等新开辟的领域。

然而，即便已经成长为叱咤风云的女企业家，荣誉满身，蒋玉宇最遗憾的事，依然是少年时代未读完的书。

所以，她特别希望可以帮助那些贫困地区的孩子们，让他们有一个好的学习环境。当她听说浙江工商大学有两名学生因家境拮据面临学费困难的时候，她便资助他们上了大学。并且通过狮子会和聚心公益两个组织与浙工大的贫困学生进行结对，每年两三名学生，一直在坚持着，蒋玉宇希望这些学子努力学习、回馈社会。

不仅如此，蒋玉宇还聚合浙商女杰的力量，为仁川镇中心小学成立了"浙商女杰奖学金"。

不管是助学捐赠活动，还是山村扶贫帮扶工作，蒋玉宇都会积极的投身其中。

她还组织建立了"杭州市江干区千手公益联合会"，担任会长。"千手公益"是立足于杭州市江干区，面向杭州、辐射浙江、服务全国的公益性社会团体。"千纤之手，与子成善；千纤之心，善爱无疆"，千手公益在2018年3月24日发起了"百站植树大型公益活动"，2019年3月24日，活动第二站在海宁荐福寺举行，来自杭州的38户家庭和多家企业代表共同为荐福寺认养捐助了罗汉松、香樟树、红叶石楠等树种在内的94棵护法树木。

"这些事情都是自然而然的，不是说你为了得到什么才去做什么。"

蒋玉宇希望，可以在自己力所能及的范围内去做公益，以自己微小的力量影响更多的人。既是初心，也是身为一个企业家应有的社会责任。

做杭州美食的传承者、发扬者、推广者，是蒋玉宇的终身事业。也正如蒋玉宇所说，"我所追求的，不是规模化，只想把'冠江楼'打造成像'楼外楼'一样，能够被人们铭记，乃至流芳百世的文化性地标。"这是她的欲望也是她的野心。

如果失去了欲望和野心，梦想和成功也将变得遥不可及。欲望也可以被写作理想，而坚持是她会的唯一方式。

如同姚晨在《星空演讲》中说过这样一段话："活到这岁数，我算明白了一点，成功只是偶发事件，失败才是人生常态。生活就像是一场科学实验，需要在不断试错中调整方向。只有在这个过程中，我们才能认识自己、打碎自己、重建自己，成为一个更完整的自己。这或许就是我们'生而为人'的意义吧。"

END

义乌模式创新传承者，
商业地产领军人物

金位海：金田阳光投资集团董事局主席、总裁；浙江省工商联（总商会）副会长；浙商全国理事会主席；浙商总会常务理事；浙商全国市场联合会会长；浙江省商业地产商会会长；浙商商业地产联盟执行主席；浙江省市场协会常务副会长；世界义乌义商总会常务副会长；义乌市经济发展特别顾问；婺商总会常务理事；杭州市义乌商会常务副会长；山东省浙江商会执行会长；吉林省浙江商会名誉会长；山东省市场协会副会长；山东省威海市第十一届、第十二届政协委员；政协第十三届山东省聊城市委员会委员；山东省聊城浙江商会名誉会长；宁夏回族自治区固原市浙江企业家协会名誉会长。

从一位农家子弟，成长为"世界杰出华商"，在各地以"造市"闻名，他的每一次出手都是动辄几亿、几十亿甚至几百亿元的大手笔，颇具传奇色彩。他是义乌模式的传承者、商业地产的领军者、专业市场的深耕者和浙商精神的发扬者。他先后荣获"浙江社会责任奖""企业创新奖""十大风云浙商""全球浙商功勋人物"

图／金位海

"十大风云婺商""投资山东十大风云人物""中国浙商市场十大商业领袖""建国70周年·商品交易市场发展创新先锋人物"等荣誉；受聘为浙江省民营经济研究中心高级研究员、浙商商业地产联盟执行主席、浙江省义乌市经济发展特别顾问。

近年来，他率领金田阳光的蚂蚁雄兵们，以高水准、高质量、高规格投建小商品市场而声名远扬，尤其是在大环境经济下滑的背景下，仍然创造了一年启航4个市场的业界神话。他掌舵的金田阳光投资集团2015、2016年度"浙商500强"排名第70位，"中国民营企业500强"排名第278位，"中国民营企业服务业100强"位列第68位，"浙江省民营企业百强"名列第49位，2019年度蝉联"中国商品市场百强"第39位，成为商业地产中专业市场领域首屈一指的领军人物。

初识金田阳光投资集团董事局主席金位海，身材魁梧，身高187厘米，一张国字脸搭配两道剑眉，不怒而威。如果不是对金位海早有了解，会误以为他是一位地道的山东大汉。"我来自义乌，义乌是我的根，也是我梦想开始的地方"，金位海说，30多年来，他从义乌到山东一路奋斗，创立了金田阳光企业品牌，身兼金田阳光投资集团董事局主席和浙江省工商联（总商会）副会长、浙商全国理事会主席、浙商总会常务理事、浙商全国市场联合会会长、浙江省商业地产商会会长、浙商商业地产联盟执行主席、浙江省市场协会常务副会长、世界义乌义商总会常务副会长、婺商总会常务理事、山东省浙江商会执行会长、吉林省浙江商会名誉会长、山东省市场协会副会长等职，成绩斐然。

白手起家，抓住每一次机遇创业

金位海出身贫寒，家里有兄弟好几个，他排行老大，13岁时父亲去世后，就义无反顾地承担起了养活一家人的重任。

一开始迫于生计，他白手起家学着做生意。改革开放以后，金位海从事针织服装生意，成功掘到了人生的第一桶金。

机遇垂青敏锐之人。1985年6月，金位海创办了云海服装厂。借用义乌小商品市场外壳，大胆采用"前店后厂"模式，企业逐步走上正轨，盈利成倍增长。之后，他又创办了金田卫生用品有限公司，并介入了托运行业，在浙江绍兴创办了一家货物运输企业，开通了桐乡、柯桥、郑州、无锡货运线路。生意越做越大，他仍然不忘初心，恪守诚信做强实业，在短短几年间，完成了资本的积累。

1998年，经过认真考察，金位海以敏锐的眼光和过人的胆识，在杭州创办了九莲农贸综合市场，该市场拥有摊位400多个、50间店面营业房。经过几年来的运营，如今的九莲市场已成功实现了"农改超"的转型升级，市场管理规范，现代化设施完备，日交易额达400多万元。

每一次正确的投资，都不断坚定着金位海做大事业的信心。环顾国内越来越蓬勃发展的商贸态势，他开始思考未来的投资方向。

落子威海，在山东复制义乌模式

他觉得，要想把市场做大做强，那就必须突出重围迅速转移阵地。

战略方向确定后，金位海就立即付诸行动，并把搜寻的目光落在了地图上胶东半岛东端的威海文登。

围棋讲究"金角银边草肚皮"，山东文登无疑就是"金角"，"我的第一个梦想就是在鲁东这个金角上下一枚棋子，待时机成熟再分别在鲁北、鲁中各下一枚棋子，下活这三枚棋子，就能尽得金角之利，从根本上改变山东半岛的商贸格局。"

2002年，金田阳光斥资5亿元正式签约建设文登义乌小商品批发市场。

在文登克隆一个义乌小商品市场的想法与文登当地政府不谋而合。为保证市场高起点、高效率、高标准地快速建成开业，文登市提出了"六放"政策，即放手、放胆、放心、放开、放宽、放活。从财政、税收、工商、金融、信息、法律等诸方面为市场的大发展提供全方位的优质服务，使得市场运作如鱼得水。同年8月8日，文登义乌小商品批发市场奠基投建。

"选择在文登投资，除了当时政府的大力支持以外，还有一个重要因

图／邯郸风情小镇项目图

素，文登处于威海中心位置，在这里建立一个综合批发市场大有前途。当时，由于民营经济起步晚等诸多因素所致，整个胶东尚无一个真正够得上档次和规模的商贸流通中心。"金位海介绍道，事实证明，自己当时的想法是正确的。

据介绍，文登义乌小商品批发市场从考察到签约，金位海只用了3天时间。当市场建成后，摊位租赁率和开业率均达100%。但他并没有就此躺在安乐窝里"坐享其成"，而是紧接着又陆陆续续在东营、济南、重庆以及聊城、邯郸等国内几大城市建设了十几个大型专业批发市场，开发商业地产，不仅实现了自己的商业理想和商业抱负，也将中国各地经济与义乌、与浙江更紧密地联系在了一起。

"义乌的经验是成功的，但不能照搬照套，复制要灵活，要因地制宜，要创新发展。"金位海认为，在实践过程中，金田阳光投资集团已走出了一条既吸取了义乌市场发展的精髓又有自己特色的发展之路："以商兴城、以商推工、以商带乡、以商引外。"

布局"一带一路"，将义乌模式复制到全国

曾经，一片贫瘠、荒芜的土地如今已是半岛地区最繁荣的小商品集散地。文登义乌小商品批发市场的建立，不仅改变了文登及周边县市相对孤立与分割的商贸格局，增强了区域贸易氛围，扩大了交易规模，更是对繁荣胶东半岛经济、促进山东商贸流通具有深远的意义。

市场的建成不仅满足威海及周边地区上千万人口的消费需求，也成为连

接东西部物流业发展的重要纽带和桥梁。

此后，金位海的商业版图不断扩展——2004年，金位海将目光投向了鲁北的山东东营市广饶县。2005年，在紫燕衔泥、黄莺呼友时节，一座俯瞰黄三角、辐射鲁北的180万平方米的中国广饶义乌小商品批发市场开业了。市场年交易额达30多亿元，满足了周边地区2000万人口的消费需求，直接和间接吸纳、转移富余劳动力3万余人，已成为连接南北物流业发展的桥梁和纽带。

2006年，金位海进军鲁中，构建山东省境内金三角形连锁市场格局，济南义乌小商品批发市场的建立成为鲁中大地上的一颗璀璨明珠，引领了泉城商业，发展成为鲁中地区最大最齐全服务最优的小商品集散地和大型物流中心。

"先行来自远见，有大智慧才能有大眼光。"这是金位海的座右铭，也是他的行动指南。

2009年，受金融海啸的影响全球经济萎靡，当大多数企业纷纷减少投入、休养生息的时候，金位海却觉得，"只有危机的思想，没有危机的市场。"

图／云南曲靖金田阳光城项目图

2010年，占地600亩、总投资额达30亿元的西南最大单体市场——重庆义乌小商品批发市场正式开业，发展成为渝北商业领航者、西南购物新地标。

2010年，金田阳光集团向东北亚地区迈出了坚实的一步——注册了长春金田置业有限公司，并签订了拟建"东北亚国际商贸城"项目协议。

2016年，义乌市委市政府召唤义乌游子回乡发展。金位海作为在省外发展的浙商，积极响应家乡号召，毅然决定把金田阳光总部迁回义乌，正式回归。

2016年5月，投资50亿元、占地约1000亩的河北邯郸金田阳光小商品城隆重启航，打造河北省南部地区超大型的商贸、旅游、文化、餐饮、娱乐等于一体的大型商业综合体。

2016年6月，投资60亿元、规划面积达170万平方米的贵州黔南金田阳光城奠基启航，打造贵州省南部地标性商贸综合体，布局"一带一路"，抢占大西南。

2016年9月，投资50亿元、规划面积达150万平方米的山东聊城金田阳光城奠基启航，打造鲁西北规模最大的国际化高端城市商业中心，吃、喝、玩、乐、购一体，引领聊城商业新潮流……金位海商业版图的不断扩展，不仅实现着自己的商业理想，也将各地经济与义乌、与浙江更紧密地联系在了一起。

2014年，国家发展改革委、外交部、商务部发布的《推动共建丝绸之路经济带和21世纪海上丝绸之路的愿景与行动》中将西北地区作为"丝绸之路经济带"的主战场。

随着国家"一带一路"建设的不断深入，金位海带领金田阳光用实际行动参与"一带一路"的建设。2017年集团签约云南曲靖金田阳光城和宁夏固原金田阳光城两个项目，一个位于云南省东部的重要工商城市——珠江源第一市，另一个位于宁夏回族自治区南部、丝绸之路必经之地的红色旅游胜地，两座城市分别位于我国"一带一路"南北两个点，向南连接南亚、东南亚，向西向北遥望中亚、西亚及蒙俄等国。2018年，又签约青海格尔木金田阳光小商品城，积极推进国家"一带一路"倡议。

"天高云淡，望断南飞雁。不到长城非好汉，屈指行程二万。六盘山上高峰，红旗漫卷西风。今日长缨在手，何时缚住苍龙？"宁夏固原市六盘山红军长征纪念碑上，镌刻着毛泽东主席的诗词名篇《清平乐·六盘山》。这也是金位海很喜欢的一首诗。

金田阳光投资集团以复制"义乌模式"起步，在全国各地投资兴建当地义乌小商品批发市场，自建立九莲农贸市场起，经过30多年的发展，以其独特的品牌文化内涵和人性化的企业管理理念，历经30多年磨砺和积累，逐步形成了以市场建设、商业地产运作、电子商务产业园等于一体的多元化、综合性企业集团。金田阳光也在市场经济的大浪中不断成长和强大，成长为全国商业地产的领军企业。

"互联网+专业市场"的践行者

近年来电子商务异军突起，网络购物成为一种潮流，以网商、网货为核心元素的新商业模式正在崛起，传统专业市场要走出当前发展形态上的桎梏，就要进行改良转型升级。

金位海觉得，应对电商对实体市场的巨大冲击最好的办法就是拥抱互联网。在金位海看来，未来经济社会的发展，互联网仍将发挥巨大的作用，而电商与实体市场线上线下的融合发展也必将成为一种新常态下的发展模式。

他与阿里巴巴达成合作意向，积极加强集团与阿里巴巴间的交流和沟通；加入"义乌购合计划"，与义乌购进行合作，启用集团"金田购"，开发移动端"金田云购"电商平台，拓展思路，积极求变，探索专业市场电子商务之路，借电子商务实现传统专业市场的转型升级。

金田阳光各地市场号召鼓励广大经营者，在经营中要两条腿走路，将有形店铺和无形店铺同时开展，借力固有的销售模式、销售渠道和客户资源，积极求新思变，适时调整积极应对日新月异的网络经济和新经济形态。

顺应当前经济发展新形势，打破时空界限，改变贸易形态，加速商品流通，以实体市场为依托发展电子商务，以原来实体经济相对稳定和忠诚的客户资源为基础，实现网络平台与现货市场捆绑互动、电子交易与传统交易齐头并进、虚拟店铺与实体店铺协调发展。用电子商务让市场经济完成飞跃，对销售渠道进行革命，使得实体贸易与电子商务相辅相成、相得益彰，引导商户把生意做大做强，拉动整个市场打破有形无形的壁垒，达到网络化、个性化，经营之路越拓越宽，市场前景越来越好。

对于金位海来说，最重要的是，"你得让业户赚钱"。将业户的利益放在首位是金位海的原则。"让商户赚钱，积极引导商户参与未来金田阳光数字化市场建设，如何从技术、供应链、金融、物流和数据五方面去赋能市场商户，是我们这几年战略方向和发力点所在。"在谈及集团未来规划时，金位海如是说。

金田阳光城市综合体建设——第六代义乌小商品批发市场典范

自2014年起，金位海开始进行传统实体市场经营模式的转变：由义乌小商品市场转为大型城市综合商业体。

在金位海看来，传统的"购购购"这种单纯的商业模式已经发展成为"购购购-吃吃吃-玩玩玩"综合体，才能应对未来的发展。"现在要建设的项目应该是一个综合性的城市综合体，最重要的是教育。"金位海在新建的每个项目中会分出一块地给教育，建设当地小学、初中、高中和技校。

他认为，市场旁边是需要学校的，有人的地方就需要教育。"如果在市场边上就有我们自己的学校，对于我们的业户也好周边的消费群体也好都是一大利好。"

另一方面，就是营造一种非常有趣和谐的购物氛围。他认为，"现在的市场未来的发展是商场化。"

金位海每年都会出国考察，他特别欣赏美国的一家企业——三五集团。三五集团有两个购物中心：世界第一大的加拿大西埃德蒙顿购物中心、世界第二大的美国购物中心，集旅游、销售、娱乐为一体，每年吸引游客数量超过迪士尼乐园、大峡谷和环球影城的游客总量。

金位海认为，除去营造和谐的购物氛围，在硬件设施的打造方面，更重要的是把整个周边的环境打造好。

金位海认为，现在周末经济、高铁经济发展，文旅版块的作用日益凸显。

未来的市场综合体应该是包括商品交易展示中心、商业街、海外商品主题馆、主题购物公园、网红打卡地、水上乐园、植物园、公寓、异域风情园、特色小镇、餐饮娱乐、文化旅游等区块，集吃、喝、玩、乐、购及办公、居住于一体。

　　"乱花渐欲迷人眼"，这是眼下进口电商模式给人带来的最强烈感受。在金田阳光购物中心，海外商品主题馆可以让消费者买到真正的进口商品，并且绝对保证正品。

　　著名经济学家、中国人民政治协商会议第十一届全国委员会副主席厉无畏在金位海所著的《金田阳光：互联网+专业视野的践行者》一书中曾这样评价金田阳光：时其时是一种谋略，事其事是一种担当。一个兼顾"时"与"事"的企业，一定有着不可限量的发展前景。

　　在金位海看来，从前是"卖全国、买全国、买卖全国"，现在是"卖全球、买全球、买卖全球"。"一家有强烈社会责任感，一家愿意不断完善和超越自我的企业，一定会有灿烂辉煌的明天。"金位海的目标，是沿着一带一路"走出去"，把中国产品源源不断地卖到世界去。

END

王建明

从小木工到
家具行业领航者

王建明：浙江春光名美家具制造有限公司董事长；名美国际集团(香港)有限公司董事长；杭州名美凯利建筑装饰工程有限公司董事长；中国家具协会副理事长；浙江省家具协会副理事长。

　　古语云："君子谋时而动，顺势而为。"

　　王建明就是那个掌握顺势风向、谋时而动后大有可为之人。

　　34年的创业之路上，载着"春雨润万物，光环映春秋，名品扬天下，美德绘宏图"的憧憬，春光名美家具遍布全球星级酒店，驰骋于阿里巴巴、京东、融创、碧桂园等国内一流企业的合作榜中。作为国家机关定点采购单位，它在一次次国际会议中彰显了中国家具品牌的品质魅力。

图／王建明

扬帆起航

王建明木工出身。

在那个计划经济时代，初中毕业的王建明本可以接任父亲在省农科院的科研岗位。但限于知识水平不高，王建明只能被安排在农科院种试验田。想到种田，他是不甘心的。那种父辈们从农田里走出来的苦，他不想再去重走一遍。父亲跟他说，学一门手艺比种田更有出路。因此，他"退而求其次"成为一名做家具的小木工。

20岁那年，带着师傅传授的木工手艺，王建明只身一人来到了杭州。

初出茅庐，和所有木工的生存法则一样，王建明靠接私活做家具求生。两年的磨炼中，总是惴惴不安。"做完一单不知道下一单的机会何时来临，还有没有下一单都是未知数。"在许多的不安中，他给自己规划了一条出路——自己做家具自己卖。

1985年，王建明借了4万块钱和几个亲朋好友一起开始了创业之路，成立了春光名美的前身——杭州春光家私厂。

起步，艰难！

没有资金也没有市场，甚至连展览家具的地方都没有。王建明厚着脸找到农科院的主任，问他能不能把农科院食堂的空地留给他当展厅，从而让人知道他的家具。带着对后生的怜爱，主任答应了。

没承想，院里的人看到这些家具，不仅质量和款式好，价格还便宜，甚是喜欢。七八天的时间，院里的人纷纷找王建明定做家具了。

试水浪花泛起朵朵涟漪。农科院附近的人家里，有结婚增添人口的喜事，十里八乡的都找来了。订单越来越多，小作坊已经跟不上发展需求，扩建厂房、更新设备成为当务之急。

1988年，王建明用赚来的第一桶金买了20亩地，建了一万多平方米的厂房。搬进新厂房后，他将企业更名为"杭州春光家具制造有限公司"，一个现代家具企业正要起航。

打造品牌航母

创造力源于对事物本质的深刻洞察。

20世纪90年代初，在学习西方不同的家具风格和先进生产技术的同时，中国家具不断发掘传统技艺，并结合自己的国情民俗，形成了一代新的家具风格。王建明也不例外，他经常跑到大型家具市场，去参考学习新潮的家具款式和制作工艺。久而久之，深谙技艺的他形成了自己别具一格的设计理念。仅仅一年的时间，春光家具就进驻了四个商场，并蝉联销冠。

然而，这些成绩远不及王建明要打造家具品牌的梦想。进驻一流商场成为春光家具品牌化的第一步。

他花重金陆续从德、日、意、美等国家和地区引进一流的生产设备，并在品质上坚持"完美主义"。 产品怎么设计如何打样，他都亲自督导。甚至在没有完善的设计团队之前，所有的产品设计都是出自他一人之手。

功夫不负有心人。经人介绍，王建明获得了一家一流市场楼梯拐角的小空地。他"量体裁衣"，根据楼梯口特殊的环境，设计出了一款符合此构造的家具。

　　独特的设计很快吸引了前来商场购物的人们，谁也没有想到，这个原本无人问津不被看好的小角落，竟然能够在王建明的经营下人流如织。很快，王建明的这家店以"一鸣惊人"之举再次成为家具城的销售楷模，春光名美家具迅速在行业内脱颖而出，成为不少消费者的首选。

　　与此同时，各大商城开始为其抛来橄榄枝邀请其入住，就连风靡杭州的解百商场也主动邀请春光名美家具入场，品牌旗舰正式扬帆。

　　1998年，当亚洲金融危机吞噬制造业时，春光名美却逆势而上，在全国拥有以上海、杭州、苏州、郑州、北京、西安等城市为中心的30多家经销、直销网点，产品行销全国20多个省市，并成功进入欧美市场。

抓住风口前行

　　进入21世纪，中国加入WTO以来，新办公时代裹挟着旧办公时代向中国本土办公家具袭来，使这一切不得不跟着时代的浪潮而转变。是固守自己享受"销冠"的光环前行，还是抓住机遇迎接新的挑战，成为摆在王建明眼前的选择。

　　"那时所谓的办公家具只有安吉的转椅，但是办公楼与酒店在不断增加，必然对办公家具有非常大的需求，而这或许能成为企业发展的新盈利增长点。"经过一番慎思明辨后，王建明意识到，彼时恰逢机关政府、写字楼等迎来了全面升级的黄金时期，办公家具也将伴随这一浪潮成为市场新宠。

　　谋时而动赢商机。2002年，王建明在杭州萧山经济开发区投资上亿元，筹建了占地60多亩的新型现代化家具生产基地，正式将公司更名为 "浙江春光名美家具制造有限公司"。2005年伊始，春光名美调转航向，将盈利增长点从民用家具转到办公家具上。

据统计，2004年，中国办公家具产值为819亿元；2005年，中国办公家具产值为980亿元；在2007年，中国办公家具行业产值已超过1000亿元，办公家具占整体家具的30%左右。2007年国内办公家具的市场需求大约占家具整体市场的1/3，市场规模在1000亿元左右。在庞大的市场需求中，春光名美抢占先机，尝到了浙江省大规模更换办公家具的蛋糕，业务迅速覆盖机关行政单位，先后荣获"第十届中国国际家具展览会金奖"政府采购最佳质量家具品牌奖。2008年，春光名美家具被认定为浙江省名牌产品和中国驰名商标，春光名美家具正式进入行业翘楚之列。

2010年，伴随中国经济扩大内需这一新的增长点，星级酒店如雨后春笋般崛起，成为促进消费的主力军。王建明再次瞄准航向，二次转型向酒店家具进军。与第一次转型相同，王建明不出意外地又一次赢在了风口上。

巴菲特曾言："只有当潮水退去后，你才知道谁在裸泳。"在家具江湖里，当那些与春光名美一起发展的企业相继倒下去的时候，春光名美依然凭借自己独特的风格与领跑人敏锐的时代嗅觉与果断，在这个行业中焕发着勃勃生机。

制胜三大法宝

站在风口上还不够，你得有翅膀才行。

而让春光名美具有更高翅膀的是：员工、产品、诚信。在王建明看来，春光名美之所以能有如今的成绩，无非就是牢牢抓住了这三点并始终坚持践行到底。

在春光名美，员工是公司的一大资产。

曾经跟着王建明一起创业的13个人，现在依然在岗的有七八个。他们不仅在萧山添置了房产买了车子，干脆把家也定在了这里。

对员工的关怀，春光名美可谓做到了极致。在春光名美，公司可以垫资给员工买房，不收取一分利息，员工只需要每月还款即可。

王建明觉得，你得让员工好，公司才会更好。他说，"这并不是公益，这是共赢。"

他从来不把春光名美的成就归功于自己，他也从来不觉得自己智商有多高、能力有多强。他觉得自己最优秀的一点，就是对待款式的敏感度。

在产品上，王建明非常注重产品的款式设计。春光名美的独特设计，也正是其始终立于不败之地的关键。他认为，"消费者喜欢的不是你这个人，而是你的产品款式好不好看、价格合不合理、性价比高不高，否则他为什么要去消费去为你的产品买单？"王建明每年都会往国外跑好几次，去参加各种展览学习全球先进的设计理念，不断在款式上进行创新。他从来不担心自己的产品会被别人模仿或者超越，因为春光名美款式始终站在行业潮头。

随着绿色环保观念的深入，让环保引领家具行业成为春光名美的又一社会使命。

"企业进步必须与时俱进，所以春光名美在绿色、环保的生产过程中也制定了严格的标准，家具用料倾向于自然的，有益于使用者的健康。在设计生产过程中尽可能延长产品使用周期，让其更耐用，减少再加工中的能源消耗。"在王建明看来，家具创新不仅仅是一种技术，更是一种文化，它最终目的是能让生活在现代工业文明的人感到文化的气息，从中华民族特色中把握现代家具的内涵。

说到并做到是王建明的鲜明个性，这也是春光名美34年来坚守的诚信准则。在王建明心里，信誉是企业的无形资产，它支撑春光名美实现名扬天下、行销全球的领航之志。

走品牌销售平台

迈入经济新时代，中国经济得到了前所未有的发展，中国家具也进入了发展"黄金期"。但随着经济全球化带来的出口退税降低、原材料价格上涨等因素，中国家具行业进入了新一轮角逐。

在变幻莫测的商业浪潮中，许多在家具行业赚得第一桶金的企业家，纷纷把眼光投向了其他领域，家具企业打造品牌的速度放慢下来。但王建明仍坚持带领着春光名美，在不断地为打造春光名美的品牌不遗余力。

他始终认为，家具产业属于长青产业，有人的地方就需要家具，它是一个永不过时的产业。但要让它始终保持活力，生命力更加旺盛，就得时刻创新。

他很欣赏海尔的管理模式。曾作为被管理者的张瑞敏早就发现："工人们非常聪明，经常会提出好点子，而管理者由于受制于规则，会做出很多愚蠢的决定。如果有一天我有机会，我会允许工人们掌握控制权。"如今，他的这一设想早就随着人单合一模式的推广成为现实。所谓人单合一是指人要与市场合一，成为创造市场的SBU。其中"人"，就是"自主创新的SBU"；

"单"，就是"有第一竞争力的市场目标"。人单合一是海尔在全球市场中取胜的竞争模式。

在海尔，每一个人都可以是自己的CEO，都可以是一个创业主体，获得平台支持，链接更多资源实现自己的创业梦想。在这些创客的努力下，海尔集团2017年全球营业额实现2419亿元，同比增长20%。海尔大型家用电器2017年品牌零售量全球第一，这也是海尔第九次蝉联全球第一。

学习海尔先进的管理模式，创新管理，把销售平台做大，走品牌销售平台路线是王建明新的发展目标。

志存高远却低调行走，是春光名美走得稳走得远的轨迹，也是王建明创业34年来的处世准则。

END

陆利平

专注做电动童车行业领军者

陆利平：浙江佳佳童车有限公司董事长；中国玩具协会常务理事；平湖市新仓商会副会长；平湖市童车行业协会常务副会长。

"创新是一个企业的生命力和灵魂。"

佳佳童车，作为中国童车行业的佼佼者，18年破风前行，是集创新和品质于一体的行业标杆。"年生产100万台，年均出口量70万台，位居行业前茅"这组耀眼的数字完美书写"浙江制造"答卷！

如同洛克菲勒说"尽管我不明白将来会是什么样子，但有一点我相信，只要我用心去干一件事，我绝不会失败"。这句话用在佳佳童车创始人陆利平身上，再合适不过了。像个专科医生一样在一件事情上做好做专，是陆利平的人生准则，也是其一路走来的制胜法宝。

每一个有志青年心里，都有一种不甘平庸

从13岁初中没毕业开始做木工，做了整整11年的木匠。这是陆利平本应

是"学生时代"的生活写照。

20世纪60年代出生的陆利平，上大学几乎是一场不敢想的梦。尤其是在经济发展相对落后的乡村，很多人初高中毕业就外出打工了，陆利平也不例外。

一次偶然的机会，陆利平在工作时遇到了一个初中同学，也正是这个同学，让陆利平的人生发生了第一次转折。

十几年没见面的老同学相见甚欢，推杯换盏间，老同学表示自己在摆地摊卖袜子，生意还算不错，收入也还行。就问陆利平是否愿意也去做个小生意，毕竟生意是自己的，总不能一辈子打工吧。

那时候，迎着改革开放的浪潮，几乎所有人都想做个小生意圆自己的老板梦。连马云都在背着口袋到义乌、广州去进货，摆地摊卖礼品、包鲜花，用这些钱养了海博翻译社3年的时间。也因此，地摊生意投资小、回报快成了众多创业者的敲门砖，也实现了成千上万人的创业梦。

经过深思熟虑，陆利平进入服装零售行业。他用自己多年的积蓄开了一家服装店。商机是留给那些把握时代机遇和做好准备的人。因此，站在创业风口的陆利平在服装零售上可谓一帆风顺。4年的时间就净赚了15万元，率先进入"万元户"队列。

但陆利平不是一个安分的人，或者说开服装店只是一把钥匙，打开了他想更上一层的梦想高楼。

陆利平觉得，自己服装店的生意很容易触碰"天花板"。恰逢此时，当地新建了一个比较有名气的陶瓷市场，陆利平看着人流如织的陶瓷市场，心里打起了自己的小算盘。

他打听到这些店铺的瓷砖大多都是从上海运来，于是就把服装店停掉跑到上海松江区开了一家瓷砖店。也因这个瓷砖店，陆利平结识了生命中带他走向另一个转折点的人。

陆利平的不安分还表现在他时刻都在嗅觉商机。

开瓷砖店的第四年，陆利平碰到了一个开浴室的老板。他每次来陆利平店里都要买很多的瓷砖，一来二去两人就熟络了起来，常在一起聊些生意上的事情。受他的影响，陆利平回到老家平湖也开了一间澡堂。白天开瓷砖店，晚上回来照看澡堂，每天就这么在两地之间往返。

开澡堂的第二年，刚好遇上国企改革。那时候平湖新仓有一个国营性质的童车厂，解体转制以后厂里很多职工变成了个体户，一下子多出来了20多个老板。那段时间他们天天到陆利平的澡堂子里洗澡，久而久之陆利平就和他们熟识了。

也因此，他开始了解并且进入童车行业，开启了自己人生的第三次转折。

这一次，他终于找到了自己要为其奋斗一生的事业。

同为童车生产者，想要在一个陌生的环境里留下自己的名字，占据一席之地，意味着必须去面对更多未知以及更加困难的境遇。如果不去想创新，那么很可能被同质化的产品淹没在整个生产行业的浪潮中，输的连渣都不剩。

找到自己的路，坚定地走下去

陆利平想赢。

他不认为大家必须得是竞争的关系，合作才能共赢。

如何吸引客户，整合大家手上的客户资源，是他首先要解决的问题。

陆利平笃定，最好的办法就是生产一款与众不同的、大家都没有的产品，不存在同质化竞争，路子就会好走很多。"如果我做跟他们一样的产品，我们的消费者就是同一类型的了，他们肯定是不愿意介绍给我的，但是如果我去做他们所有人都没有的产品，那么情况就会不同了。"

区别于大家只做学步车、三轮车、自行车等低端产品，陆利平选择了一个在当时行业高端的产品——电动童车。"不同，才能够把大家所有的客户都吸引过来。"2001年，陆利平创立了浙江佳佳童车有限公司（原平湖市佳佳童车厂）。

起初，工厂只有8名员工，日生产量也仅有40台。

那时候，我国的电动童车市场还处于一个刚起步的阶段，算得上是一个

图 / 佳佳童车公司

新兴行业。陆利平也是在摸着石头过河，成与不成，他心里也没多少底气。

"但路要一步一步地走，公司要一个阶段一个阶段地去发展。"

幸运的是，深受产业链的带动，越来越多的童车厂聚集于此，引起了当地政府的广泛重视。

在平湖市委、市政府的高度重视和大力支持下，为给童车企业的发展提供更大的空间，新仓镇规划建设了中国（平湖）童车工业城。2001年9月，平湖市个私协会童车行业分会成立，平湖童车业开始统一以"中国（平湖）童车工业城"为整体品牌。通过整合，童车企业开始以"集团军"的阵容进军国内外市场。

2002年，在政府的支持下，陆利平买了20亩土地开始正式进军电动童车行业。

正式进入童车行业的陆利平给自己定下了一个准则：要做就专注做好这一个行业。为此，他不惜成本高薪聘请行业前端人才，从技术研发到市场开拓，做到人无我有，人有我强的境界。

经过近20年的风风雨雨，佳佳童车规模不断扩大，童车种类、功能不断更新换代，产品从苏浙沪一带逐步走向世界各地。在电动童车领域成为行业领军者，所有产品均通过第三方检测并获得中国3C认证，同时产品也符合欧盟CE标准和美国CPSIA法规，拥有100多项专利证书。年生产能力100万台

图／佳佳童车产品

婴儿车，产品广泛销往世界各地。

如今，童车制造产业已经成为平湖市的特色优势时尚产业，整车及配件年销售额逾30亿元，甚至解决了平湖市50%的就业。

截至2018年，平湖市拥有童车整车生产企业73家，配套生产企业150多家，产业涵盖了五金、塑料、电子、喷涂、包装等行业，产品囊括婴幼儿童床、婴儿学步车、儿童三轮车、二轮儿童自行车、电动童车等10多个系列、100多个品种，年产量达千万辆，特别是电动童车生产量居国内同行业前列，达80%左右。

童车市场的迅速发展使得企业、行业对童车标准体系的建立提出了需求，在此背景下，浙江省平湖市童车行业协会向浙江省"浙江制造"品牌建设促进会提出申请，启动《电动童车》标准编制工作。

2019年7月，佳佳童车成为在电动童车领域浙江省第一家拿到的"浙江制造"认证证书的公司，成为行业标准起草单位。

诚实做人，用心做品牌

在佳佳童车，有很多待了十年甚至十几年，陪着佳佳一同成长的老员工。

在陆利平看来，为这些老员工提供更好的工作环境更好的发展前景是他必须要做的事。什么是企业的社会责任呢？

"它可以很大，大到你可以成为一个行业的支撑，带动一个城市的发展；它也可以很小，小到你要照顾好自己员工的衣食住行。"

做一个有温度的人，是陆利平的初心。"我曾经也一无所有，没有资产连贷款都贷不到，却仅仅凭借我个人的信誉度，他们愿意相信我，在资金上支持我一把，我才一步一步走到了今天。"

做人，要学会感恩。

感恩老员工们的陪伴，感恩曾经帮助过他的那些供应商，感恩客户的支持。"这些，就是我不断前进的不竭动力。少了他们任何一个人，都没有我的今天。"他坦言。

陆利平有一个合作了很久的东南亚客户，那是2003年的时候他扩展海外市场的第一单，至今还有着深厚的合作关系。

那位东南亚客户曾说，"佳佳的东西，就算是再贵，我也一定要买一定要推！"在这个行业里，他们对陆利平的评价相当高，对他的产品有着格外的信任。而俩人两三年才会碰上一次面。

"我们佳佳能够走到今天，最关键的还是靠诚信。"也正因佳佳的诚信与高品质，让它在近20年的发展中几乎从未流失老客户。

"一个企业的发展，领导者的方向至关重要。我一直在朝着规范化、知识产权意识、新产品开发的力度上去走。"

外观上从自主研发到授权产品，目前合作的授权有：宝马、奔驰、奥迪……功能上从最开始的低端性能到现在模拟真车功能等。

然而，陆利平依然是焦虑的。

互联网的发展为我们的生产生活带来极大便利的同时，也让一些只追求利益的人违背职业道德制假售假，市场空间被三无产品一度挤压，甚至给品牌带来诸多恶性影响。对此，陆利平深恶痛疾，他致力于国家在知识产权和品牌保护上能深度创新，真正鼓励像他们这样严把品质和质量关，把"浙江制造"打成金字招牌的企业。在陆利平看来，中国市场其实是很大的，发展潜力也是很大的，只要把市场规范起来，一切都只会向更好的方向去发展。

打造世界一流的电动童车制造商，是佳佳童车的永恒目标，也是陆利平的永恒心愿。他曾对所有的员工说过这样一句话："我们经历了多年的艰苦创业和坚定不移的培育，并在多年的努力和奋斗中收获了丰硕的果实。时间就像一首歌，而旅程就像一场舞蹈。无论我们长途跋涉多久，这些年的经历只是历史上的一个时刻；无论我们成绩多么出色，这一成就只是过去的结果。"

行走于人生，且歌且吟，且思且行。

END

CHUANGYEZHILU

姚宏

30次创业者的
逆风翻盘

姚宏：微贷网创始人、CEO；中欧国际商学院EMBA；2014年度新锐浙商、2015年互联网+金融领军人物；2016年度创新力人物；2016年度创业人物；浙江十佳金融创新人物；2017年中国互联网金融创新年度人物；2018年度新经济人物；新时代十佳来杭创业创新青年；2018年中国企业社会责任影响力人物。

再微小的力量，也能改变世界。

2018年11月15日，微贷网成功登陆纽交所挂牌上市，证券代码为"WEI"。微贷网创始人兼CEO姚宏在名为《再出发，不负期待！》的员工信中写道："钟声，是顺应时代的回馈；上市，是践行使命的褒扬。山一程，水一程，身向目标那畔行。风一更，雪一更，怀揣初心梦终成。"

对于姚宏来说，这是一个新的开始，也是新的征程。

2001年开始创业，至2011年创办微贷网。十年时间，他经历过30次不温不火的创业。做过通信、餐饮、电视购物，开过工厂，也开过淘宝店，卖过童装……我们所能想到的行业，他基本都做过。

"回首过往，你曾惧怕过一次次失败吗？"

"正因为害怕失败，所以一直在做各种各样的尝试，也许总有一天能成功吧。"他答。

兜兜转转的十年，他似乎一直跌跌撞撞地在创业大海里沉浮，多有碰壁但始终昂首前行。

他坚信，每个人都有自己的时区，他只是一直在找真正属于自己的那条路。当那个时间到来，那条路终会柳暗花明。

2011年，这条路终于来了。

这一年，姚宏创办了微贷网——全国首家专注于汽车抵押借贷服务的网贷平台。

2016年5月，微贷网完成10亿元的C轮融资，估值近百亿元。

2017年5月8日上午10点整，微贷网交易量突破千亿元。

2018年11月15日，微贷网成功登陆美国纽约证券交易所挂牌上市。

8年时光飞逝，姚宏惊觉已经走出很远。

逆袭，谈何容易？

有位叫郑琼的导演，拍摄过一部《出路》纪录片，从2009年到2015年，跟踪拍摄了三个不同家庭出身的孩子的生活轨迹。其中有一位来自甘肃大山深处叫马百娟的女孩，她所在村子里的学校只有一位老师和五名学生。老师的普通话不标准，不凝神静气根本听不明白他在说什么。马百娟是众多中国山村孩子的一个缩影。

这样的场景，姚宏也再熟悉不过。

1980年，他出生在浙江淳安的一个山村。从他出生的那一刻起，贫穷如影随形。

那是一个经济不发达的时代，对偏远山村的孩子来说，只有两条出路——要么走出大山，要么被大山所吞噬。

走出大山，成为少年姚宏的强烈信念。

大学毕业后，姚宏拿着家里的几百元钱，踏上了征程。这条道路之艰险，与其描述为与大山的抗争，倒不如说是他与自己命运的抗争。

计算机专业出身的姚宏找了一份做通信的工作，那是他步入社会的第一份工作。公司很小，加上姚宏也只有五个员工，但他喜欢这家公司，喜欢有人情味的老板。那段时间公司的经营很难，资金紧缩，但老板依然为他们提供住宿，从来不拖欠工资，虽然条件一般、工资不高，却多少让他感受到了这个城市的温暖。

后来，不忍看老板为难，姚宏和四个同事商量后主动离职。"我们都知道公司经营不下去了，但老板不好意思对我们这几个窘迫的年轻人开口。"

离开后的姚宏和同事四人一起凑了几千元，一起租房，开始了真正的创业之路。为了节省开支，几个大男人轮流学着做饭。

在这段创业过程中，他们还帮助之前的老板卖出了很多的通信设备。

第一次自主创业的经历让姚宏坚定了要做出一番成绩的想法。"命运握在自己的手里，才更让人感觉到踏实。"

从通信开始，他做过餐饮、电视购物，卖过童装，开过规模不大不小的工厂；电商兴起的时候他甚至还开过淘宝店……我们所能想到的行业，他基本上都做过。

他曾因靠200元的初始资金赚到1000多元而欣喜，也曾因500元而几近绝望。时隔多年再忆起往昔，他依然记得当时自己在出租房里一个电话接着一个电话时的焦虑和执着。

有人说，这位白手起家的创业者，不过是靠着运气和意外，撞开了成功大门。

然而，上帝交出命运之钥，怎么可能仅仅因为幸运。

每一个被生活揍趴下的人，都有赢一次的权利

2011年，姚宏创办了微贷网。

那是中国互金行业的萌芽时期，一切似乎恰逢其时：智能手机和移动支付的出现，为互联网金融提供了技术基础；改革开放的大环境，孕育出一批中小微企业和个体商户。他们贡献了当下中国80%的就业、60%以上的GDP、50%以上的税收。

但这个群体，并不是银行提供金融服务的目标客户，尽管他们对资金的需求，比谁都要强烈。

在这种环境下，微贷网应运而生。

姚宏的初衷很简单，帮助那些融资困难大、周期短的微小企业解决他们的资金难。"我太能体会到那种一分钱难倒英雄汉的滋味了。"

2011年，微贷网成立，做无抵押的信用贷款产品。放款的风控方式相对简单，借款人需要填完资料后同姚宏本人面谈，他聊完觉得可以，那就放款。

每天都有络绎不绝的人排着队找姚宏借钱，他们动之以情晓之以理，讲感动中国的创业故事。看着这些人，很多时候姚宏都会想到曾经的自己，他心软，几乎来者不拒。他觉得可以挣钱，同时也能帮助他人，大概没有比这

再美好的事了。

然而现实很快碾压而来。

姚宏开始认识到，人性在利益面前，脆弱得不堪一击。

那些曾经信誓旦旦要还钱的人，在拿到钱后便消失了。有的逃到外地，有的甚至进了监狱。

"不催，90%的人不还钱；催了，坏账率高达50%"，亏损像地震后坍塌的大地般连片蔓延，很快到了600万元。

姚宏崩溃了，巨大的精神压力像千斤重一样向他压过来，在一个午后，他突发神经性耳聋，失去了听觉。

姚宏在医院躺了整整15天，听觉才慢慢恢复。这15天他只想了一件事："如何才能改变现状呢？"

有了抵押资产，风险就会降低。2012年初，微贷网从纯信用贷款，转向"互联网+汽车金融"模式的汽车抵押贷款。机缘巧合下，微贷网就此成了国内第一家做车贷的P2P公司。

32岁，可算是"出息"了

转型初期，举步维艰。

大家对新兴的事物存疑无可避免。起初，招不到业务员，公司不足10个人。不仅如此，公司没有稳定客群，一切都还是零。姚宏只能自己和好容易招来的几位的业务员们，跑到杭州的每个停车场插小卡片。

姚宏没有时间感慨，只能不断翻过眼前的山。量变带来质变，微贷网的业

图 / 姚宏

务终于如潮水疯涨，连片成网，互相交织。2014年，微贷网盈利3000万元。

姚宏32岁，创业初成。

因热爱而开始，因坚持而成就。前行的每一步，其实都算数。

2015年，整个互联网金融行业大爆发，战歌四起，群雄逐鹿。为提升公司竞争力，微贷网开始做内部转型。

引进优秀人才为公司注入新鲜血液，进行大刀阔斧的管理改革。姚宏似乎非常擅长一点：用比自己更强的人，并虚心学习。

不管是企业管理还是风险管控，微贷网都有了质的飞越。在管理方面，由原先的粗放式管理转为精细化管理。

当时部分老员工对新员工经常开会表示不理解，新员工对于老员工的一些

"没规矩"也看不惯。但姚宏知道，"这是微贷网完成自我修炼的必经过程。"

更新迭代的微贷网，正在急速狂奔。

在2016年5月，微贷网完成10亿元C轮融资，估值近百亿元。那一年，他们年收入17亿元，成为车贷领域第一。

2017年5月8日上午10点整，微贷网交易量突破千亿元。

2018年下半年，诸多经营不合规的网贷企业陷入爆雷，整个网贷行业都受到冲击。而在如此举步维艰之际，2018年11月15日，微贷网成功登陆纽交所挂牌上市，证券代码为"WEI"。

在姚宏看来，不合规经营的企业爆雷是发展的必然。究其原因，还是"很多人认为胆大就行、市场无限，失去了对金融的敬畏之心"。

任何行业要想长期发展，终须回归"合规"。

不张扬，用真心做公益

很多人知道姚宏微贷网创始人、CEO的身份，却很少有人知道，他在2015年底，成立了"姚宏教育基金"。

"山区的年轻教师是留不住的。"姚宏认为，山区的教育要想跟得上，除了给予孩子们必要的生活学习硬件软件，师资力量也是重要的一个部分。"所以我的做法是鼓励去山区支教的教师们，给予他们必要的补贴，让他们能无所顾虑地留在山区，让山区孩子们的教育资源可以多起来。"

姚宏并不张扬，他觉得企业家做公益是理所当然的，这是我们反哺社会各界给予支持和帮助的一种形式，不计回报。

"人人都是有私心的，我就是想通过这些行为让孩子们知道，他们要做对社会有益的事情，这也包括我自己的孩子在内。"

姚宏始终认为，对孩子最好的教育就是身体力行，用行动告诉他们什么是值得做的事情。

这一点和杨澜如出一辙。

杨澜曾在一次颁奖典礼上说："我做慈善是有私心的！"一片哗然之后，她娓娓道来："首先，慈善是一种心灵的寄托，如果没有持之以恒的慈善行为，我担心自己会迷失在这个充满诱惑的世界。其次，我是一个母亲，我一直教孩子要有道德观念，言传不如身教。"

除此之外，姚宏还是家乡的慈善家，每年捐钱给县城和山村，修学校、修路。

"当你获得了一定的社会成就以后，你就得承担相应的社会责任。"但行好事，莫问前程。

姚宏一直很喜欢任正非的企业家精神，不论高峰低谷，永远保持清醒、理性的认知，同时怀抱赤子之心，真挚、大胆。任正非所诠释的企业家精神，也一直在激励着姚宏。

为提升自己，姚宏在开展公司转型的同时，也不断进行个人学习。他从2015年开始继续学习，2017年研究生毕业后继续攻读工商管理博士学位。他喜欢读书，读各种类型的书籍。吴晓波曾说，感恩阅读给我们人生带来丰满，人生原本是粗劣的、叵测的，阅读让我们站在历史空间的宽度上。

学无止境在姚宏身上体现得淋漓尽致。

创业是一场幸存者的游戏。即便成了行业的"王"，姚宏也没有停下脚步。每年春节后的第一个工作日，姚宏会在微贷网杭州总部为每位员工递上

"开年红包"，送上新年寄语。微贷网的天下，是微贷网所有员工共同打下的江山。

姚宏曾在一个浙商颁奖现场遇见过一位公司的老朋友，他是一位7年前年在微贷网借款的企业家。彼时他的企业濒临绝境，想借10万元周转却频频被拒；只有姚宏愿意坐下来耐心听他的讲述，也是微贷网借给了他10万元的企业"救命钱"。7年之后，他和姚宏在同一个颁奖现场重逢，前者依靠当年的借款盘活了生意并最终将企业做大做强；而后者始终坚持初心，在助力小微的道路上越行越稳。

乔布斯创业成功后说：活着就是为了改变世界。正如微贷网的理念一样：再微小的力量，也能改变世界。

END

蒋孔学

致力推动
软装家装新模式

蒋孔学：第三小镇创始人；德清驻杭商会常务副会长；中国美院客座讲师；兔狗软装学院培训合伙人。

哲学家黑格尔在其《美学讲演录》一书中曾说过"美是理念的感性显现"，你所经历的美好生活形成理念，以更为感性的方式呈现在家居生活当中，再融入自我的品味格调，就形成了符合自身层次追求的轻奢美学。Coco Chanel女士曾说："轻奢是以最小的体积，凝聚最大的价值。"

对于第三小镇创始人蒋孔学来说，软装就是一种轻奢的家居美学，是一种生活态度以及责任，是需要其为之奋斗一生的事业。

年少轻狂，怀揣改变世界的梦想

1999年，蒋孔学毕业于浙江大学，他们那一届学生是工作包分配的最后一届。然而，那时候年少轻狂心高气傲总怀揣着一个想要改变世界的梦想，回老家机关里过那种清闲的生活，是蒋孔学所排斥的。

　　美术专业出身，唱歌、跳舞样样不落后，蒋孔学的身体里就流淌着艺术的血液。虽然当时文艺类可以走的路不多，但相比于机关单位他更想去类似于宋城那样艺术气息浓厚的地方。

　　在人才市场找工作的时候，蒋孔学机缘巧合下看到一个做进口壁纸生意的三资企业，经营产品主要来自比利时、美国等欧美国家。由于自身美术专业出身，对色彩比较敏感，面试通过以后蒋孔学便进入了这家三资企业。在企业的三年，是蒋孔学继续深入学习的三年。

　　相比于同时期的中国，欧美的时尚业比较发达。他们的很多产品都是知名设计师设计的，还会请明星代言等，建材业已经开始跟时尚业挂钩了。而国内对于这块还相对比较落后，2003年的时候，高端产品在国内的受众群依然很窄。

　　也是在这一年，蒋孔学决定自立门户。

　　他创办了自己的公司，主要还是以布艺、壁纸等品质产品为主。一方面引进好的产品，另一方面跟优质的客户进行资源对接。公司成立初期就跟绿城、滨江、大家、德信、欣盛等20多个地产公司建立了合作关系，再加上与杭州知名设计师的合作，开始了推广软装类产品之路。

　　初期，蒋孔学还只是服务高端客户群体。直至2008年，蒋孔学发现了大众对软装这方面的需求，意识到软装市场的未来会转向普通大众。

　　但同时，虽然家装公司很多，然而软装类材料比较分散，通常都是设计师带着客户去建材市场寻找需要添置的物件，这样就会导致后期效果不可控；另一方面，由于普通大众对这些并不懂，所以在品质上也是无法保证。并且议价能力很弱，也在一定程度上延伸了设计师的黑色收入。

看到这类问题以后，蒋孔学便萌发了想要改变现状的想法。"也许个人的力量很微小，但依然还是想做自己力所能及的事。"他说。

2008—2009年，杭州还没有一家正式做软装的公司。刚好绿城、滨江地产导入了境外的设计机构，做了一些样板间。普通大众看到之后觉得漂亮便开始埋单，这也在一定程度上促进了软装发展。

2009年，蒋孔学正式转型，把公司名字改成第三小镇，专门应对未来软装行业的发展。

星星之火，亦可以燎原

然而，公司转型初期就遇上了全球经济危机。2009年金融危机导致的全球经济衰退是半个世纪以来最严重的一次。这次非同寻常的冲击造成贸易瘫痪，超过2300万人失去了工作。

而此次经济危机，也造成了中国房地产业相当长一段时间的低迷。2009—2013年，这段时间第三小镇的整个进程都比较缓慢，大部分业务都只是做地产公司的样板间。直至2016年杭州成功召开G20峰会之后开始活跃起来。

同年，全国各地陆续出台全装修、精装修的相关条例。在绿色化、住宅产业化的推动下，"毛坯房"逐步退出房地产的历史舞台，预示着定制精装的时代即将到来。

2016年9月18日，浙江省在商品住宅中实施全装修政策中指出：2016年10月1日起，全省各市县、中心城区出让或者划拨土地上的新建住宅，全部实行全装修和成品交付，鼓励在建住宅积极实施全装修。

　　杭州作为试点城市，政策颁布以后作为一个导向开始改变了整个装修设计大行业的格局。蒋孔学觉得，自己的机会终于来了。"未来精装修交付的房子会越来越多，那就意味着精修被房地产这块切掉了，消费者拿到手的就是一个精装修的壳。也就是说里面很多东西都要你自己去填充的，怎么填充？如何填充？"

　　让蒋孔学更加坚定地将软装事业进行到底的，还是那次记忆尤深的触动。

　　房子在验收的时候很漂亮，一年以后地产公司的老板召集他们回访，蒋孔学在走访了五六户之后发现几乎每一户都很"糟糕"，这种糟糕不是体现在房间的脏乱上，而是杂乱。他发现房间内各种搭配都很"难看"，风格杂乱不匹配，没有统一的风格，给人的整体感觉很差。"很好的房子但是由于搭配的问题却导致整个生活品质很低的感觉。"

　　此次回访让蒋孔学感到深深的失落，他觉得自己总要去做点什么。"我当时就在想，为什么我们不能通过自己的专业、对供应链的熟悉以及这么多年的经验去改变这个现状，让大家能够更快地获得有品质的生活方式？"

　　蒋孔学向来是一个想到什么就去做什么的人。即便已经没有了刚刚毕业时的年少轻狂却也依然敢闯敢拼。2017年，第三小镇子公司——一起筑应运而生。蒋孔学开始带领自己的团队研发软装套餐。

　　但总没有了刚刚步入社会的稚嫩，现在的蒋孔学只想把自己一些好的想法或者真正能改变一些什么的东西通过自己慢慢地发散出去，"我希望跟蝴蝶效应一样的，在不久的将来我们整体的意识都会提升。"

　　这个行业目前还是一个上升期，我们中国从没有商品房到有商品房，造就了很多的房地产；从商品房的毛坯交付到现在的全装修造就了很多大型的家装公司。

之前的装修是一边选一边买，可能最后装修花多少钱不可控，而一起筑是要把主材套餐化。

大家都在尝试，一起筑的口号就是：助力中国家装产业升级。共谋发展，为千家万户带来高品质的生活方式。

一群人一件事一起筑

近两年贸易保护主义对外贸产生了很大的影响，国内很多做外贸的工厂、代加工厂（灯具、布艺、家具）等举步维艰，全国展厅也在收缩。然而这些工厂不论是工艺还是品质都是可圈可点的。蒋孔学开始集合很多有品质的工厂，去挑出一些优质的产品，通过设计师团队的整合、设计，然后变成产品包，并且和杭州最知名的家居平台兔狗家装合作，将套餐释放到大众手上。

与此同时，想要吸引流量，改变整个业态的模式和行业标准变的很重要。蒋孔学团队开始进行整个浙江省与江苏省的布局推广。他们找了150家左右在两省当地比较有代表的家装企业去沟通、交流，以及召集所有家装公司发布关于软装的交流会，甚至组织了不下于50场的免费培训。2019年，第三小镇及一起筑更和兔狗家装合作开展兔狗软装学院的软装培训课程，助力全中国有意在软装行业发展的追梦人。

"我们的目的很简单，就是让每一个有意愿在软装领域发展的人都能够更快地了解软装是什么。"

目前，蒋孔学还在寻求浙江省建筑装饰协会的支持，希望能通过官方的渠道去促进软装行业的发展，贾华琴会长在听取了蒋孔学对行业的描述后给予了极大的肯定和支持，并承诺会尽快落实软装行业的规范和相关协会的设立，以支持软装行业的快速发展。对于领导的支持和肯定，蒋孔学很欣慰自己身处的美好时代。

软装行业的发展也让越来越多的人看到这个商机，甚至一些不法商家为了节约成本会找一些三无的工厂，美其名曰"定制"，更不要提环保的问题。

然而，在蒋孔学看来，家居行业最大的问题就是一个环控的问题。

第三小镇的所有服务项目，在流程上最后一关都要提供免费的环保治理服务。但这不是每一个软装公司都愿意去做的一个事情，因为它是需要代价的。"我们要在规范上去减少让消费者可能会受到伤害的问题，规避风险。"

"环控不达标的话对大家的生活影响很大。举个例子，甲醛的游离层在一米左右，也就是说只有小朋友和晚上睡觉躺着的时候呼吸浓度是最高的时候，所以对小朋友的危害是很大的。甲醛的挥发时间其实是8～15年，不间断挥发。"

蒋孔学会和一些优质的高科技环保企业合作，比如石墨烯负氧离子技术：通过吸收转换成二氧化碳和水排放掉，甲醛释放的同时它可以不断地中和并且不断释放负氧离子。除此之外，一起筑所呈现的最终效果图全部可落地。"你所有看到的就是你未来可以验收的东西。"

蒋孔学始终认为，他们不仅仅是设计师、产品供应商，他们更应该肩负的也是环保卫士的职责。他说，"我们要对消费者负责。"

这种负责不仅仅体现在产品品质、家居环保上，更重要的是从自己的角度去改变软装的乱象，改变软装的服务模式和行业标准。

"第一，让更多地人更快地获得更有品质的产品、设计感、生活方式；第二，通过我们的规范让更多的人尽可能地减少风险的存在；第三，通过我们的努力给业主提供更优质的产品，从另外一个角度来讲也是让那些三无工厂、劣质工厂没有生存的空间。这个是我未来下半辈子除了经商、经营层面之外需要做的事情。"他说。

软装，是我的终身事业

对于第三小镇创始人蒋孔学来说，软装就是一种轻奢的家居美学，是一种生活态度以及责任，是需要其为之奋斗一生的事业。

而奋斗一生，离不开他的专注和坚韧。

从初入社会到创办自己的公司——第三小镇，再到转型的磨炼，以及一步一步的试错。不管中间遇到过多少挫折和困难，或者是质疑，他却始终保持初心。他说："软装可能会是我的终身事业，不是我一时为了短期利益以及商机在做的，而是这么多年一直在坚持的。"

在第三小镇，每一个新员工的加入，蒋孔学都会给他一个"成功法则"。这个法则是什么？蒋孔学认为，首先是定位。"我觉得人一辈子，很多人都不知道做定位，很盲目。最夸张的是我的一个大学校友，十年了还在找工作。中间换了十几份工作，涉及五六个行业。我说你这样下去再过十年你还是在找工作，为什么，因为我们只有定位清楚，才知道自己想要成为怎样的人，自己想要干什么。"

第二件事情，定位清楚了以后就去做符合你自身定位的专业技能以及综合素养的培养。然后再加上的就是勤奋。最后就是坚持、坚持、再坚持。

关于坚持，早在几千年前《荀子·劝学》一书中就有所体现："锲而舍之，朽木不折；锲而不舍，金石可镂。"蒋孔学强调，这种坚持一定要在对的方向上。

"我觉得我们人的一辈子，其实说长很长，说短很短，如果你没有定位就会一直在偏离、修正、偏离、修正，这是很可怕的。等你修正完了，年纪也大了，就没有激情了。"

蒋孔学也会应邀去大学讲课，他的第一堂课就讲这个，"我不讲专业的东西。因为我希望给很多初来社会的年轻人一些建议。"可能最开始他们也不懂，也不知道喜欢什么想做什么。也许我们在大学里学到的东西未必可以找到相应的匹配的行业，但是找到自己真正喜欢的能够坚持一辈子的事业很重要。

人一辈子都要学习，不断地提升自我学习，不断坚持下去一定是会有自己的成就。

就像始终坚持软装事业的蒋孔学，20年来从一而终。未来软装的行业规范可能还需要三年、五年、八年，甚至更长的时间，但是蒋孔学始终致力于为整个软装行业的发展贡献自己的绵薄之力。

"我相信未来的软装行业会越来越规范，但是这需要一个过程，我只能通过自己的一些绵薄之力去努力。也祝福那些在各行各业为了行业的发展努力奋斗的人。"

END

张长洪

危难之际的力挽狂澜

张长洪：浙江华洋建设有限公司董事长。

在外人看来，张长洪似乎是"捡到宝了"。

但人们也许只看到了成功的果实，却忘了，不是谁都有铩羽而归的勇气，也不是谁都有"起死回生"的能力。

张长洪最得意的事情，是2015年投资7000万元将浙江华洋建设有限公司进行重组，不仅挽救了这家濒临破产的龙头企业，并且用短短几年的时间将它"起死回生"成为平湖无人不知无人不晓的"传奇"。立足嘉兴平湖，工程项目辐射全国各地，继续它曾经平湖龙头企业的辉煌。

在张长洪的带领下，短短4年，华洋建设便斩获了包括"钱江杯""南湖杯"在内的27个优质工程称号、省市级相关工程荣誉60余项，其历年来所承建的工程项目质量一次性验收合格率达100%。

浩渺行无极，扬帆但信风

1997年9月6日，对于张长洪来说是个特别的日子。

时隔22年，他依然清晰地记得那天的情景。下午4点，他拖着疲惫的身躯从大巴车上下来，脸上带着倦容向等在车站的朋友走去。那是他第一次出这么远的门，从老家湖南湘潭坐了几天的大巴来到了陌生的城市——浙江温州。

朋友从他手中接过了重重的行李，张长洪环视车站，看到人来人往，心里带着些憧憬与不甘，自此开启了自己的打工之路。

在此之前，他对"打工"是异常排斥的。

1994年大学毕业，那时的张长洪还觉得打工是贬义词。或者说从某种意义上来讲，打工在相当长的历史期间里，都是一个贬义词。

在那个年代里，家里有一个大学生是一件很值得骄傲的事情，是光宗耀祖的。大学毕业却要去给别人打工，是一件特别丢脸的事情。

自己给自己当老板，是张长洪执着了很久的事情。也因此张长洪毕业以后就迫不及待地承接项目，去实现自己的"老板梦"。然而他不知道的是，当老板完全没有想象中的那么简单和轻松，项目款拖欠了很长时间才拿到，也是在自己承接项目的那段时间，张长洪意识到，"有些事情不是你凭借冲动就可以的"。无奈之下的张长洪只得退而求其次。在朋友的邀请下，他坐上了从湖南湘潭开往浙江温州的大巴……

在温州的10年是累积沉淀成长的10年。

这期间，他先后在中国第四冶金建设公司、湖南建工集团、万城房地产有限公司、长沙建工集团工作，先后担任过施工员、技术经理、副总经理、总工程师、项目负责人等职务。

2008年，张长洪再次决定开始自己承接项目。而此时的张长洪，也早已不是当年那个只有一腔热血的莽撞少年了。2010年，张长洪来到嘉兴平湖发展。

那年的华洋建设，还处于事业的辉煌时期。成立于1971年、拥有国家建筑工程施工总承包一级资质，是平湖的龙头企业。谁也不会想到，它会有一天资不抵债，面临破产的窘境。

2013年2月21日，平湖市人民法院依法裁定受理了浙江华洋建设有限公司破产清算一案。

朋友找到张长洪，问他愿不愿意接手"这块烫手的山芋"。那时的张长洪顶多算的上一个包工头，没有自己的公司，但已经在建筑领域积累了20多年经验，承建了许多的建筑工程。不仅对建筑行业非常熟悉，同时也拥有雄厚的资金实力。

张长洪想了想，决定给自己的员工一个"家"。

"包工头毕竟不是一个长远的方向，另一方面，大家都有一个共同的愿景。有这么一个公司至少大家可以有一个奔头，有一个平台去发展。"

知道消息的当天下午，张长洪就去找了华洋建设负责破产清算的负责人，却没见到人。一个星期以后才终于通过电话取得了联系。

博观而约取，厚积而薄发

2014年8月19日，债务人浙江华洋建设公司以通过引进重组投资人可以解决债务资金短缺问题，提高普通债权的清偿比例，挽救公司为由，向平湖市人民法院申请对公司重整。

然而，当时本来是三个人决定投资重整，一方面是考虑到风险投资，另一方面是担心重组之后的华洋建设信誉度受到影响不利于后期的项目发展，结果后来另外两个人却退了出来。

张长洪却认为，身为有着几十年历史的公司，即使面临困境，但它沉淀下来的文化底蕴是不会变的。况且原来的老董事长人品是全平湖人所公认的。"做工程最主要的还是看你这个人品怎么样，你是哪个公司大家不会太在意。"

他坚信，只要一个人的口碑好信誉好，那么他背后的公司是放在第二位的。"什么行业都是有高有低的，它不可能永远都是好的。你要想得到什么就得承担什么样的风险。"

就这样，在另外两名合伙人退出的情况下，张长洪一个人挑起了大梁。

2014年9月1日，平湖市人民法院裁定华洋重组。2015年2月，经招募领导小组评审确定张长洪为最终重组投资人。

好事多磨，在所有的工作准备就绪即将要搬到新公司去的时候，华洋建设所在大楼一楼的一家家具公司却发生了严重火灾。

得知情况的张长洪立刻赶到现场，熊熊大火似要把整幢楼都给吞掉的架势。"火势很大，我们公司就在五楼，里面有很多很重要的文件等，生怕火势蔓延到五楼。"从下午3点多开始直到晚上才控制住险情。

张长洪就和同事们一直守在下面，直至险情解除。得知五楼没有受到影响，一群人悬着的心也终于放下来了，不知道该如何释放情绪，激动地跑到旁边的消夜摊吃夜宵，每个人的脸上都是"黑不溜秋"的模样。几个人你看着我我看着你，笑着笑着就有种想哭的冲动。

张长洪回想起当初的那一幕，现在还觉得一群人灰头土脸的样子有些可笑。

2015年5月25日召开筹备会的时候，在老华洋的就只剩下两个人——老董事长和老办公室主任，当时公司的办公人员全都是张长洪从工程项目上抽调回公司的。

华洋建设从激烈的市场大势下逆流突围，建立后仅短短几年，便斩获了包括"钱江杯""南湖杯"在内的27个优质工程称号、省市级相关工程荣誉60余项，其历年来所承建的工程项目质量一次性验收合格率达100%。

硕果背后，是每一位"华洋人"对待工程的倾力、真挚。这份匠心，凝聚成华洋建设独特的企业精神；它的成长与坚守，也离不开背后企业文化的支撑。

每次在公司开培训会的时候，张长洪都要特别强调华洋的特别性有两点：第一点我们是一个重组的企业，我们不仅要让它活下去还要让它焕发新的生机；第二点我们的人都是从项目上直接调上来的，不说假话踏实做事是我们的基本原则。

前事不忘，后事之师

也正因这个特别性，造就了华洋的无限可能。

华洋建设的管理层全部来自五湖四海，他们开拓外面市场的时候适应性强，没有地域的局限性。得益于此，华洋建设立足于浙江，在湖南、湖北、河北、安徽、江苏、上海6个省市均设立分公司或办公处。

吸取华洋曾经的教训，张长洪在企业的管理上下足了功夫。实行企业扁平化管理，各个部门的负责人都在一个办公室，所有的问题都可以快速高效地处理。

他认为，项目上的事情是一刻也拖不得的，必须要及时处理。"公司的管理层要简单，不能复杂。复杂的话就容易拖拖拉拉，小的问题积压太多的话，项目就会受到很严重的影响。机构要简单反应要快。"

不仅如此，在"公司运营""项目选择""材料采购""分包招标""工程管理"的五大方面进行统一标准化管理，从而最大限度地降低了全国拓展所带来的运营风险，并确保了对公司经营成本的有效控制和建筑工程的品质打造。

华洋建设注重团队精神和企业文化的发展，始终秉承"德才兼备""业精于勤""诚信重诺""锐意进取"的选材标准，并重视公司每一个人才的培养和分派。华洋尽可能把每一个员工安排到他们合适的岗位上，"人尽其才，物尽其用"，让其发挥所有潜能，在企业内部形成积极良好的工作气氛。

"在企业文化上，我们应该是走在前面的。"

华洋将"质量第一，用户至上"的企业宗旨落实到企业文化中，树立由"管理团队十不准""项目执行十不准"组成的华洋纪律，通过严格的要求将规范与质量渗透到每个"华洋人"心里。

华洋建设高度重视民工工作，在"无欠薪"上做出表率，承诺"诚信不打折，旧账不过年"，实行多级联动、上下齐抓共管，按时、足额支付所有民工工资，并时刻关心员工身心发展。

企业的诚信，不仅身体力行向员工做出表率，更为打造优质工程催生不竭动力。

一个前进的时代，总有一种奋发向上的精神；一个发展的企业，总有一种积极进取的意志。一个企业不仅要有强大的物质基础，更要有强大的精神动力。这种精神是理想、是信仰、是操守、是品格，是一个企业战胜一切艰难险阻的强大动力。

创新建筑运营新模式，百人百万助发展

每一个建造师都有一个自己带团队的梦想。

为了给那些有能力却缺乏资金支持的"梦想家们"一个展示自己的平台，张长洪找来泰隆银行谈业务合作，打造一个百人百万的创业帮扶项目。

2014年9月夏季达沃斯论坛上李克强总理提出，要在960万平方公里土地上掀起"大众创业""草根创业"的新浪潮，形成"万众创新""人人创新"的新势态。此后，他在首届世界互联网大会、国务院常务会议和2015年作政府工作报告等场合中频频阐释这一关键词。每到一地考察，他几乎都要与当地年轻的"创客"会面，希望激发民族的创业精神和创新基因。

华洋建设"百人百万同创业计划"也正是响应政府号召，顺应时代潮流的一个利民举措。

"换句话说，这是一种工程建筑领域的新型模式。"在张长洪看来，在传统建筑工程行业，无非就是两种经营模式：自营和挂靠。但是自营成本高，提高了行业的准入门槛，使很多创业者望而却步；而挂靠风险系数太

高，同样不利于一个团队的长远发展。

华洋建设百人百万项目，实行项目工程内部竞标，既规避了两种经营模式的弊端，同时也给予了缺乏资金支持的团队更多的机会，能够完成更多更加优质的项目，提高了工作效率，节约了成本。平湖市市长仲旭东对具有华洋特色的"百人百万同创业计划"也给予了充分的认可。

三年一百人一百万一个亿，为了这个计划，华洋特批四千万元资金作为项目支持。

"只要有能力，有良好的品格，项目提案经过公司审批通过，我们愿意为他们提供一切有力支持。"

张长洪在公司年会致辞中曾说，岁月如歌，跋涉似舞。几年历程无论走多远，都仅是历史长河中短短的一瞬；几年成就无论多少辉煌，都只能代表过往的历史。

历史的车轮缓缓而过，只有不停地向前，去创造更多的辉煌，去缔造下一刻的成功。

END

服装的灵魂设计师

毛雪波：杭州爵优实业投资有限公司董事长；获龙泉市政府"2018外出金凤凰"称号；浙江省服装行业协会副会长；杭州市设计师协会男装分会执行会长、秘书长；杭州市龙泉商会副会长；杭州市近江企业商会副会长；龙泉市八都乡贤副会长。

2018年6月，随着MU2中国原创男装中心的成立，毛雪波迎来了创业路上的全新挑战。他将为服装注入灵魂——原创，让"时尚、原创、设计"等元素融入服装行业的每一个角落，带领杭派服装走向世界。

图／毛雪波

从事男装经营十多年，他熟知不同层次、不同年龄男士的衣着品位，对时尚潮流的把握也总是快人一步。

十余年过去，毛雪波不仅创立了"爵优"服饰品牌，还投资过酒店，打造了"近江·爵优城"经济综合体。他一路披荆斩棘，如今已是杭州爵优实业投资有限公司董事长和杭州龙泉商会副会长，也是原创男装行业里当之无愧的"骨灰级玩家"。而在中国原创男装服饰这片竞争激烈的"战场"，毛雪波正好比一名冲锋陷阵的骑兵。在他的手中，那面名为"MU2"的旗帜，正迎着风猎猎作响。

从建筑师到淘宝店主

毛雪波出生于丽水市龙泉八都镇，建筑专业出身，2007年毕业后进入杭州的一家建筑工程企业实习，每天的工作忙碌且劳累，经常辗转于工地和公司之间。尽管过着外人看来光鲜亮丽的企业白领生活，毛雪波自己却常常感到迷茫。

"那时，大概有两三万龙泉老乡在杭州做服装，我和几个发小也是其中一分子。"毛雪波经常下了班就去四季青找朋友们小聚。渐渐地，毛雪波在交谈中对服装行业的了解越来越多，对服装的兴趣也越来越浓。毛雪波常常会在晚上坐公交去朋友的店里帮忙和学习，了解服装行业各个环节的具体操作流程和技巧。在朋友的店里，售卖一件衣服能赚十来元至一百元不等，旺季的销量可以达到一天一百多件。对朋友而言，尽管工作辛苦，但丰收的喜悦明显更甚。面对创业过程中"为自己而活，为自己努力"的快乐，毛雪波有些心动。

2008年，适逢电商行业兴起，毛雪波和三位朋友合作，白天上班，晚上做淘宝店，正式"进军"电商领域。一年之后，建筑公司的项目终于结束，毛雪波决定辞职，专心做淘宝店。刚开始经营服装淘宝店，毛雪波就卖出好几款爆款服饰。

从生产进货，到寄件售后，店里只经营男装，对毛雪波而言，每天最累的并不是频繁的进货发货，而是要应对各类消费者，做好售后服务。他常常要应对各类突发情况，为店铺处理差评和各类反馈，通过各类补偿服务和语言沟通，让店铺维持优质的评价和销量。他回忆，那些日子是自己最"敬业"的时光，常常忙到很晚，抱着电脑睡着，听到消息提示音醒来已是常态。

从2011年底开始，受经济增速持续放缓以及零售终端低迷的影响，品牌服饰行业过去简单粗放的"外延扩张+提价"模式受到严重挑战，整个传统纺织服装行业也开始进入了深度调整期。此时，中国纺织行业依靠劳动力成本优势参与国际市场竞争的"廉价劳动力时代"已经结束。

也是在这一年，合开的淘宝店已经颇具规模，生意依旧红火，毛雪波也在这几年时间里熟悉了整个服装产业链的所有情况，同时他也在思考，自己未来的发展方向应该是什么样的。当时他的淘宝事业还处于快速上升期，电商持续火热，经营店铺依旧是一个不错的选择，但是他也看到了不太乐观的一面。

尽管服装行业的市场潜力依旧很大，但服装产业资源供需矛盾已经开始突出，零售端的门槛会越来越低，行业价值必定会向着品牌创新、价值创造、市场掌控等高端软实力靠拢。"服装行业未来的机遇就在那里，而准入门槛则会随着时间的推进逐渐严格，如果不尽快占据先机，未来再想转型就会很难。"毛雪波说。

"蜕变"的最好时机就摆在眼前，毛雪波决定赌一把。在朋友的支持下，他离开淘宝店自己独立单干，开始了转型为"行业价值创造者"的计划。

创立"爵优"和转型之路

转型的过程比想象中更加艰难。开一家服装公司比经营一家淘宝店要难不止一个层级。自立门户后，毛雪波每天都在忙。多年的淘宝店主经验让他深刻地明白了消费者喜欢什么样的衣服，什么样的款式会成为爆款，却没有告诉他应该如何经营一家年轻的创新型公司。毛雪波只能慢慢摸索、碰壁、吸取经验，然后继续前行。

2013年，毛雪波成立了服装公司——杭州爵优服饰有限公司，起初专为淘宝店主和服饰店铺供货，提供批发零售等服务，后来逐渐转向男装原创设计，近几年才新立了女装项目。

同时，毛雪波在一座商业楼里承包了四个楼层，共有一百多个商铺，租给身边做电商的朋友和做实体的店主。在朋友的帮助和支持下，这些价格优惠、地段较好的百来个店铺不到俩礼拜就全部招商到位。原本分散的行业资源经过毛雪波的整合，形成了一个简单有效的行业聚集平台。由于服装价格公道，种类丰富齐全，"服装城"吸引了许多线下线上的消费者，拓宽了服装店铺的销售渠道。

产业聚集的效果有些出乎意料，这是毛雪波第一次感受到它的力量，也为后来创立MU2中国原创男装中心埋好了伏笔。

有了"服装城"的经营经验，2015年，毛雪波又在杭州婺江路拍下了一栋建筑的物业管理权，同年成立了杭州爵优实业投资有限公司，打造出了如今的"近江·爵优城"。

爵优城分层清晰，一楼是餐饮，二楼是酒店，三楼是教育机构，吸引了很多消费者。由于地址在近江地铁站和婺江路地铁站之间，人流密集，作为一个小型综合体项目，爵优城没有招商，全靠店家主动找上门。第二年，毛雪波又在爵优城成立了爵优花园酒店，面向中高端客户，走时尚路线，特意设计了阳台和景观园。

服饰和实业投资是爵优实业的两大支柱，实业投资并没有分散毛雪波的注意力，反而让他懂得了更多。在投资实业的几年里，原创服饰的未来发展道路也越来越清晰了。

为了爵优服饰的创新改革，毛雪波费了很多心思。那几年，爵优服饰的设计师在全世界到处跑，在异国他乡寻找各类时尚元素，探寻符合国人口味的品牌服饰。每一件服饰，从拉链、面料到设计、印染都经过了专业的精挑细选。

"忙是创业的常态，但对我而言，只要自己还热爱这个行业，只要身边还有朋友支持自己，就不存在'忙'这个概念了。"毛雪波说。

创业的日子里，离不开志同道合的朋友，毛雪波和他们一同成长。由于离四季青很近，朋友们经常会过来帮忙。工作之余，毛雪波最喜欢一边喝茶一边思考，却常常会遭受来自朋友的"嘲笑"，他们觉得这样的休闲方式对于85后来说太过佛系。毛雪波的解释是，自己需要喝茶这样的形式帮助自己理清思绪和转换思路。

毛雪波和朋友们最有共同语言的话题，除了事业，就是公益。2018年4月，毛雪波带来着爵优服饰的伙伴，资助了6个贫困地区的孩子每年的生活费，直至这些学生完成学业。

事业上，爵优服饰的原创服装业务渐渐步入正轨，如今已经发展成为全国各地的品牌连锁店供货的原创服装设计公司，客户的规模和知名度也在不断扩大，合作方除了有从几十家到几百家店不等的中小品牌，也有美特斯邦威这类大型上市企业。

在爵优服饰朝着创新价值的道路迈进时，整个服装行业也在发生着巨大的变化，消费升级、产业链调整、商业模式重构……一系列的快速发展和增长，印证了多年前的远见。爵优服饰作为时尚界的一匹"黑马"，正在悄悄崛起。

时尚的聚集地

2018年1月，正值瑞雪纷飞时节，杭州市服装设计师协会设计师男装分会成立大会在钱江新城的杭州洲际酒店隆重召开。毛雪波作为杭州爵优服饰有限公司董事长，担任分会的执行会长兼秘书长职务。

协会的筹办还要从2017年8月说起，那时杭州爵优服饰有限公司联合多家男装企业，根据中国设计师男装发展趋势，共同筹备了杭州市服装设计师协会设计师男装分会，目的在于促进中国男装可持续发展，整合全新时代的男装产业链供应资源，凝聚全国的男装企业力量。分会以振兴和发展中国设计师男装品牌为宗旨，通过代表行业方向的展会、论坛、行业综合性和主题性会议等行业活动，积极反映协会会员单位的愿望和要求，为中国设计师男装企业创造一个竞争有序、开放而稳定的市场大环境，维护会员合法权益，为会员单位提供优质的平台服务等方面发挥作用。

设计师男装分会的筹备不仅得到众多男装企业的积极响应，也获得了服装行业领导的大力支持。成立当时，设计师男装分会已有近两百家会员单位。

设计师男装分会成立的同时，于5月在杭州老锅炉厂举行为期7天的2018中国原创男装展，与杭州国际时尚周同期举行，携手来自全国的优秀原创男装品牌共同参与，展现当下中国原创男装新风貌。

时尚周一直以来不断传递一种以"时尚，艺术，生活"为核心的美学概念和生活方式，同时还将结合毕业季，与各大院校联动挖掘优秀毕业作品，为时尚行业提供创意，注入新锐力量。

对爵优服饰以及整个杭州的服装品牌而言，这是一个新的开始。

"原创为本，设计为心"

"未来服装品牌将是品位和个性的较量。我们MU2以创新性、综合性、设计性、原创性为设计理念，致力于让每间店铺都有自己的灵魂，每件衣服都有自己的故事，独具个性品牌魅力。"毛雪波说。

2018年6月，MU2中国原创男装中心成立，集原创男装、设计师品牌、时尚潮牌于一体，致力于为中国原创男装品牌提供销售、展示、交易、推广为一体的优质平台。MU2中国原创男装中心，位于九堡核心板块，四季青服装大市场3楼，距离高架路、高速路、地铁、客运站都近在咫尺，方便的交通可满足全国各地客商至此快捷的采购，刚成立时入驻了100多家原创男装公司。

近几年，杭州的原创男装不断崛起，全国有很多连锁品牌不断到杭州来寻找男装产品。毛雪波听到了很多连锁品牌采购商的抱怨声，说杭州的男装公司较为分散，一天走访不了几家厂商，同时也有很多男装公司接触不到优秀的连锁品牌商。为了解决这种困境，让更多品牌商可以零距离接触到优秀男装公司，同时让更多优秀男装公司服务到更多连锁企业，真正做到"入一家，看千家"的理念，做成一站式平台，实现互惠互利的共同理念，才诞生了MU2。

"近两年杭州的男装市场发展越来越好，因为杭州本土开发的实力也很强，会比较偏潮流，时尚度会更高，单从原创角度来说在中国应该能名列前茅，以后我觉得杭州男装必能再接再厉。之后我们会把公司扩大，现在在广州也有档口，把自己的产品做好做精。"毛雪波从创业之初就在等着这一天的到来。

以秋冬款为例，现在全国各地的人都知道，要到杭州来选货，而先前的首选则是在广州。可以看到，如今服装行业的趋势是"两边互动"，形成抱团。加上如今的中国男装基本上以原创设计为主，直接导致以前传统的二批市场会被慢慢淘汰，因为消费者的选择都是以性价比为主，直接从原创厂家落户到零售店，中间的环节都已经省略，整体的费用在下降，而性价比则会一直提高。

"创新性、综合性、设计性、原创性是mu2的设计理念，未来服装品牌将是品位和个性的较量，每间店铺都有自己的灵魂，每件衣服都有自己的故事，都代表着品牌的个性和独特性。"毛雪波说。

2019年，毛雪波宣布MU2原创男装中心将继续秉持"原创为本，设计为心"的理念，开展一系列工作，结合MU2中国原创男装中心周年庆活动，同期实施完成首届MU2中国原创男装展等一系列活动。

回顾2018年MU2原创男装中心的发展历程，从最早的零起步，到现在的初具规模，为迎接全国市场寒冬奠定了非常坚实的基础。一年来，随着中国男装行业的快速发展，MU2中国原创男装中心不断调整工作战略，克服了诸多困难，在协助商家、服务商家以及自身建设等方面做了大量工作，在行业建设、资源整合、品牌打造等推动男装产业健康持续发展的过程中发挥了不可或缺的作用。

END

李潮清

用一杯酒，演绎一座城

李潮清：桐庐久友贸易有限公司董事长；杭州久挚友电子商务有限公司董事长；杭州百益来供应链有限公司财务总经理；桐庐县第八届政协委员财金旅贸组长；桐庐县工商联副主席；桐庐县餐饮行业协会党支部书记、副会长兼秘书长；桐庐县文联委员；桐庐县政协文史委委员；桐庐县消费者保护委员会委员；桐庐县书法家协会副主席；桐庐县企业家书法协会会长；桐庐县政协首届"十佳政协委员"；2013年度桐庐县"双好"政协委员；2015年被评为桐庐县优秀共产党员。

在桐庐老百姓眼里，"金三元""久友"就是一张诚信名片。

在桐庐乃至杭州的酒类流通领域，"久友"二字都是耳熟能详的。这家有着近30年酒类销售历史的企业（前身原金三元），无论是经销名酒的数量、全国总代的品种、产品的覆盖面、企业的知名度在酒类流通领域都是数一数二的，其威龙葡萄酒的销量多年来保持县级市场第一。可以毫不夸张地说，桐庐久友贸易有限公司是桐庐县目前最大的酒水配送商。

2013年8月27日"中国画城·威龙葡萄酒"的成功推出，不仅使得桐庐久友贸易有限公司家喻户晓，更是将最美县城桐庐传遍大江南北。

这一切荣誉的背后，都离不开一个人。

他，就是李潮清。

努力少年郎

李潮清出生于桐庐一户普通的农村家庭。

1979年，李潮清从400名高中毕业生中脱颖而出，以539分的成绩考入一所中专院校。李潮清也因此成为恢复高考后村里第一个凭借自己的努力考上学校的人。这在全村来说，都是一件大喜事。

当时，村里的大喇叭将这件喜事广播了好几天。

两年后，李潮清毕业于财务会计专业。那时候的毕业生，工作还是包分配的，当大家更多的想去更好的平台发展的时候，李潮清却主动请求把他安排到基层供销社去。

人往高处走的道理他不是不明白，偏偏要反其道而行之。在李潮清看来，基层是最锻炼人的地方，初出茅庐总要谦卑些才是。

在基层供销社锻炼了七年之久的李潮清，由于工作表现出色被调到了区供销社做财务科长。就这样，从区供销社到县供销社再到当时桐庐最大的一家副食品总公司，李潮清凭借着其出色的工作能力始终担任财务科长一职。

他的晋升之路也是一路高歌。

1997年，在县副食品总公司担任了三个月财务科长后的李潮清便以领导班子考核第一的成绩晋升为公司总经理，一年后又做了党支部书记。

李潮清是个懂得居安思危的人。

1978年，党的十一届三中全会确立了以扩大企业自主权为主要形式，调整国家与企业之间利益关系的国有企业改革方针，在企业内部建立各种形式的经济责任制，在企业领导体制上实行厂长（经理）负责制。

至此，拉开了国有企业改革的序幕。

20世纪90年代中后期，国有职工的下岗率迎来高峰。也正是趁此阶段，李潮清用了3年的时间自学并考取了注册会计师。

1999年，随着国有企业改制，李潮清成为一家会计师事务所的注册会计师。那时候的注册会计师十分抢手。6个月后，李潮清便被当时桐庐最大的一家宾馆老板看重并以年薪5万元的高薪聘请去做财务总监。而当时浙江省的平均年薪为12414元，李潮清的年薪可谓算得上当地最高的了。

然而，风平浪静下是一片波涛汹涌。

在个体经济发达的浙江，李潮清很难压抑自己那颗想要闯荡一番的内心。他与妻子考虑再三，决定经营一家副食品小店。

至此，开始了他的经商之路。在李潮清的有效经营下，他们也从当时那个只有10平方米的小店一直发展到桐庐金三元贸易有限公司。

求发展，担大任

生意没有一直好下去，李潮清也并没有像曾经一样一路高歌猛进。

在宏观经济的快速增长带动下，2003—2012年，是白酒行业十年的"黄金"发展期。在这一时期，全国性白酒品牌和地方区域名酒企业均获得了快速发展。在白酒市场量价齐升的背景下，白酒企业的销售收入及利润总额获得了快速增长。

然而，收入及利润总额的增长也让酒水行业之间的竞争越来越激烈，与此同时，同行之间开始出现各种恶性竞争。

恶性竞争带来的后果就是商家以次充好以假乱真，消费者的合法权益得不到保障。尤其是假酒，更是涉及消费者生命安全的事情。

这是李潮清不愿意看到的景象。

身为在桐庐影响较大的酒水经销商，李潮清觉得自己必须得做点什么，去解决当下的矛盾。于是，他联合当时桐庐四家最大的食品批发部，提出了整合的想法。大家被李潮清所影响，随即一拍即合，立即决定将企业进行整合，共同成立了桐庐久友贸易有限公司。

李潮清作为公司最大的股东，承担起了共生共赢的重任。

这一做法，也得到了当时桐庐县政府的大力支持，并将桐庐久友贸易有限公司作为重点培养单位，2010年11月被浙江省商务厅授予"浙江省城乡连锁超市龙头企业"。

桐庐久友贸易有限公司在桐庐下辖183个行政乡镇几乎都发展了一家联盟便民店，迄今共发展了255家便民店，并且从创立之初始终保持运营。

李潮清始终坚持"品牌与质量是企业的生命"，这也是创办久友的初衷。

桐庐久友贸易有限公司成立之初，就提出诚信和谐、高效共赢、精诚团结、合作永久的企业文化以及服务第一、品质第一、品牌第一、效率第一的企业理念。这种理念与文化一直坚持到现在，并且已经融入久友每一个人的心里。

始终坚持公平竞争、诚实守信，严格遵守行规行约，自觉维护行业利益，确保消费者的合法权益；保证质量，确保安全。严把进货质量关，不批发、不收购、不销售假冒伪劣酒品，严格按照国家质量监管部的有关食品安全的市场准入标准，保证进出酒品的可追溯性。

在食品安全方面，可谓是在源头上做好把关。

"让政府放心，让百姓安心"既是李潮清的初心也是使命。

桐庐久友贸易有限公司成立9年多以来，股东之间依然很团结。究其原因，就是李潮清的求同存异的观点。他觉得，要有牺牲精神，这样才能够合作长久。

另辟蹊径，转危为安

2013年至2016年是中国白酒的深度调整期。这一时期，国家相继推出"八项规定""六项禁令"等一系列限制"三公"消费的政策，严格禁止公款消费高档酒。商务消费和政务消费等消费情景受限，极大影响了高档白酒的销售，导致高档白酒产品的销量快速下降，价格体系受到较大冲击。消费需求在短期内快速下降，使得白酒行业存在的产能过剩矛盾凸显，整个酒水行业都面临着巨大的挑战。

如何才能突出重围，在竞争如此激烈的市场站稳脚跟呢？

李潮清思来想去，觉得不能被狭隘的酒水销售理念所禁锢。恰逢2013年"5·6百姓日"，李潮清在"桐庐人晒幸福的笑脸"这一活动中灵机一动，如果在自己的产品中植入桐庐元素，体现桐庐的文化，会不会有所获益呢？

身为土生土长的桐庐人，李潮清对桐庐那是再了解及热爱不过了。

桐庐自古被称为潇洒桐庐，"开轩即解颜，日日面青山。春山半是茶，惊起雨前芽。身闲性亦灵，欲老悟黄庭……"北宋文学家范仲淹的一首《潇洒桐庐郡十绝》，奠定了"潇洒桐庐"的基调，为桐庐立下了千年的城市品牌"潇洒桐庐"；"三吴行尽千山水，犹道桐庐更清美"，元代画家黄公望创作了传世名画《富春山居图》，让桐庐的美名自此传遍五湖四海。

桐庐的这张金名片与威龙有机葡萄酒这张名片相结合，可谓是珠联璧合。

这一全新的创意得到了威龙山东总部的肯定，李潮清立刻找到县委县政府征得政府同意后又去找桐庐最有名的书法家提了"中国画城，潇洒桐庐"八个大字，再由威龙总部的设计团队进行产品设计。

最终，以黄公望的《富春山居图》为背景，"中国画城，潇洒桐庐"八个大字为题的"中国画城·威龙葡萄酒"正式诞生了。

为此，威龙总部专门开设生产的车间，选择迎合桐庐大众口味的"赤霞珠""霞多丽"两种葡萄，经手工严格挑选，加工成手选级中档葡萄酒，专供桐庐市场，并于2013年8月27日正式面市。

当时政府领导班子都予以了高度支持与重视，"中国画城·威龙葡萄酒"一炮打响，上市当年就销了七八千箱。面市几年来，"中国画城·威龙葡萄酒"由于定位准确、口感舒适很快得到了市场的认可。全省其他地区市场纷纷效仿这一做法。

2019年，李潮清又和致中和合作定制了一款养生酒并于9月正式上市。

李潮清有种书法家的人文情怀，此款养生酒共分为诗乡桐庐、画城桐庐、潇洒桐庐、醉美桐庐4个系列，并分别由4个书法家题名，整个产品设计共有7个书法家参与。

"我们要将桐庐文化践行到底。"随着产品销往全国各地，桐庐这张金名片也在无形之中传遍了大江南北。

在其位，谋其事

在外人眼中，李潮清可谓是桐庐当地的风云人物。

李潮清最得意的事情，并不是自己的企业做的有多大也不是自己的知名度有多高。他做得最满意的事情，一件是当初组建久友贸易公司，规范了酒水市场；一件是将酒与桐庐文化相结合，在扩大自己家乡文化影响力方面贡献了自己的力量。

在李潮清看来，企业发展到一定阶段以后就要以社会责任为主。这种责任，不单单体现在带动当地经济的发展，更重要的是传递更多的正能量。

李潮清旗下企业招聘员工，都是以解决下岗工人和农村富余劳动力的生存问题为前提，在招聘员工首先考虑这些群体。为了活跃员工文体生活，企业经常开展职工乒乓球赛等活动，并组队参加县里的体育赛事；企业以黑板报为载体，每月一期，让员工抒发心声……这一切，都极大地增强了企业的凝聚力和向心力，使得桐庐久友贸易有限公司在不利的销售形势下仍然保持了持续向上的发展势头，并利用创新举措打开了崭新的销售之门。

日常性的帮贫扶困、春风行动，节假日慰问老党员及福利院的孤寡老人和消防队员、武警官兵，还有政府部门牵头组织的"外来创业青年集体婚礼"等公益性活动，处处有李潮清参与的身影。

打赢脱贫攻坚战，是以习近平同志为核心的党中央着眼实现第一个百年奋斗目标作出的重大战略部署，是党的十九大确定的"三大攻

图／李潮清

坚战"的重要组成部分。2013年起，根据党中央、国务院和浙江省委、省政府对口帮扶贵州省的决策部署，杭州市与黔东南州结成姊妹城市，其中桐庐县与榕江县开展结对帮扶。

身为桐庐县工商联副主席，黔东南对口扶贫项目，李潮清已经连续参加了三年。

此外，作为政协委员的李潮清积极响应政协倡议，寻找特殊困难家庭进行结对帮扶。近年来，他捐助于公益事业的款额多达200多万元。

而李潮清与妻子却一直过着非常简朴的生活。

他为人低调且诚恳，在企业发展势头良好时他隐退在幕后默默奉献；在遇到危机之时他挺身而出扛起重担。

他将"中国画城·潇洒桐庐"这张金名片传遍大江南北，让更多的人了解这片美丽的江南小镇，也为桐庐县酒水行业规范做出了莫大的贡献。

他不高调也不宣扬，默默地做着对的事。

END

曲雅芝

巾帼不让须眉，
做民族品牌的捍卫者

曲雅芝：嘉兴福气多温控床有限公司董事长。

7岁得了小儿麻痹症；

9岁父亲去世；

24岁遭遇车祸；

36岁成外企高管；

45岁创立自己的民族品牌——福

气多温控床

……

图 ／ 曲雅芝

命运似乎一直对她不太友好，却又好像总给她一线生机。一个人的一生，要经历多少苦难才能终有所成呢？可成长不就是生活给你一巴掌然后教会你的吗？

从那个丢在人群里都找不到的不起眼的姑娘到中华民族品牌的创立者、守卫者，那些打不倒她的，终将使她强大。她，就是嘉兴福气多温控床有限公司董事长——曲雅芝。多年来，凭借工匠精神，她打造了健康家居产业的民族品牌，在发扬民族梦的路上，抒写下浓墨重彩的一笔。

"我们要坚持做自己的民族品牌，造福国人。更重要的还要有爱心，向社会传递正能量的同时回报社会。"这是曲雅芝一直坚持的原则和一路践行不变的使命。

世界以痛吻我，要我报之以歌

泰戈尔在《飞鸟集》里有这样一句话：世界以痛吻我，要我报之以歌。这句话放在曲雅芝身上，再合适不过了。

曲雅芝出生在20世纪60年代黑龙江哈尔滨的一个小县城，后来调入父母军工厂上班。她家的附近有一所监狱，常常可以见到"解放军叔叔"。那时候，她经常和小伙伴们一起在监狱附近给"解放军叔叔们"唱歌跳舞。然而，7岁那年她生了一场病，由于当时医疗水平有限，自那以后她便患上了小儿麻痹症。行动不便的她再也没有办法和小伙伴们一起玩耍，更别说跳舞了。她常常自己坐在一边的角落里看着小伙伴们嬉笑打闹，她们的快乐再与她无关。

可是她的厄运，似乎才刚刚开始。

9岁那年，父亲去世，她的母亲要独自抚养他们7个孩子。

"母亲是一个要强的人，即便如此艰难的情况她还是让我有吃、有喝、有学上。"那时候母亲身上的坚强品质也一直深深地影响着她。

她也终于不负母亲的期望考上了一所工学院英语专业，毕业以后顺利地成为当地一名英语老师。

1986年，她24岁。那年，命运再次给她开了一个玩笑。

突如其来的车祸导致她脚踝、胳膊骨折，留下了四肢疼痛的后遗症。随后又发现得了肺结核，导致了肺穿孔。但她天生就是乐天派，从不自怨自艾。她才24岁，她的人生才刚刚开始，青春还正好，她不可以放弃。

住院的那段时间，学校的一个语文老师每天写信给她加油打气，希望她鼓起生活的勇气继续向前，那些信件一度成了她的精神寄托。她也开始每天练习写字，让自己静下心来。她从未向命运低过头，也没有抱怨过不公，内心一直有种不服输的精神，支撑着她不断向前。

跨界转型，开启自己的"开挂"人生

1998年，凭借自己的专业特长，曲雅芝被黑龙江一家纺织品公司选拔为负责进出口贸易的韩国支社社长。

那个时候，可以有机会出国工作，对于曲雅芝来说，这是一场挑战也是难得的机遇。有些人不看好她，觉得她一个"看起来普通得不能再普通的姑娘"，能担当好纺织品公司支社社长吗？她不予理会这些，只是认真地做好自己的事情。

在外人眼里，她只需要做好自己企业的产品出口就好。但曲雅芝却有着不一样的想法，她觉得中国输出优质产品的同时，为什么不能让国人享受国外的优质产品呢？有一次，善于观察的曲雅芝在韩国的一座贸易大厦里发现了一款温热玉石床，一下触发了她的灵感。

"起先，我是抱着质疑的态度去对待的。"曲雅芝表示，由于自己从小患有小儿麻痹，走路跛脚，后又因车祸导致脚踝及胳膊骨折，肢体不协调。但在哈尔滨长大的她对火炕有一种特殊的感情，最终还是在客服人员的劝说下，到了温控玉石床上去体验。

"体验了温控床后，觉得这与家乡的火炕有异曲同工之妙，便慢慢有了兴趣。后来又体验了几个月，我的胳膊与腿消肿了，不适得到了缓解。"曲雅芝认定，这是一款值得推广到中国的好产品。

1998年，正逢我国改革开放以来经济迅猛增长的几年。恰巧，在1999年韩国举办的亚太经济贸易展销会上，她作为中方代表向浙江嘉善县外经贸局的领导推荐了这家韩国企业。而此时的中国正在加大招商引资的力度，韩方也正有借助中国劳动力资源优势进入中国市场的意愿。就这样，曲雅芝成为嘉善县引进外资企业的中国高管。

心藏民族梦，创自己的民族品牌

穿梭于中国市场和韩国企业的沟通交流中，曲雅芝有了更深入的思考。她发现，韩资企业进驻中国，看中的是空白的中国市场、劳动力优势以及玉石矿产资源。前者是公认的事实，但是矿产资源是中国人自己的资源，为什么要把稀缺资源往外输，而不给中国老百姓自己使用呢？

与此同时，韩资企业产品的很多功能并不完全符合中国人的生活习惯。曲雅芝说："当时他们并不把我们的建议放在眼里，对我们中国人有些偏见。"2007年，伴随中国劳动力市场从低廉逐步转型到高新人才的大趋势下，外资企业有了撤出中国的打算。这时，曲雅芝做了一个大胆的决定，"我们要创建自己民族品牌的温控玉石床"。

她决定退出韩资企业后，便召集曾经一起工作的同事，组建了自己的团队。经过3年的研究和开发，曲雅芝终于在2010年正式注册"福气多"品牌，致力生产符合中国人习惯的温控玉石床。

在选材方面，福气多温控床采用中国四大名玉之一的岫岩玉，并且建立自己的玉石加工基地。曲雅芝觉得，取材要安全第一，性能第二。"选材一定要好，我们是不惜成本代价的。"

在技术方面，曲雅芝不仅组建了自己的专业研发团队，还在产品技术上进行了改良。从产品结构、安全性能等进行全面的更新与升级，并且用来解决安全隐患的原材料绝缘防火技术，获得了国家专利。

2012年，曲雅芝还特意邀请上海中医大学的针灸教授担任公司专家顾问，使产品可以和中国传统的温灸技术结合。

目前，福气多公司共获得了60多项国家专利。鲜有一家民营企业能有如此高端的科研技术，曲雅芝坚信，国强才会民强。国要强，民族品牌就一定要强。"即便是亏损了，我也要坚持研发。因为我们要做的是自己的民族品牌，要有自己的技术才能更有底气。"

更令人称赞的是，福气多公司让每款产品出厂前都送到国家权威机构去做安全检测，并获得3C、CVC认证，每年把相关产品送检获得玉石矿物质及甲醛合格报告，做到交付给消费者的每一件产品都要安全可靠。"这可不是应付走过场，而是一个诚信企业对消费者的保证。我们要用良心做事。"曲雅芝说。"用良心做事"这句话她强调了很多遍。

突围出去，就是新的起点

面对如今激烈的市场竞争，产品创新也变得尤为重要。福气多温控床的自动温感装置可以根据人体的温度自动调整到人体最舒适的状态，不仅如此，还可以抗干扰，实现无线遥控。

在技术更加精益的同时，福气多开始扩大消费群体到年轻人身上。"现在很多的年轻人工作压力大，会产生各种各样的问题。"因此，曲雅芝的技术团队开始研发适用年轻人的产品。"我们在做品质产品的同时，也要迎合消费者的需求。"

作为福气多温控床公司董事长，曲雅芝也深刻地明白"创业难，守业更难"的道理。

行业内流行加盟经营模式，但曲雅芝认为，加盟者各自为政，管理松散，服务水平参差不齐，肯定影响发展。因此，当福气多推出第一款产品，一大批代理商纷纷上门热情高涨时，曲雅芝却选择低调行事。她希望能召集那些对福气多有足够认知、能真正珍惜品牌、维护品牌名誉、有责任感的代理商。

因此，每一位代理商都是经过曲雅芝认真筛选之后的结果。凭借曲雅芝的人格魅力和韧性，福气多聚集了一批具有爱心和责任心的忠诚代理商。福气多不开网店，产品只在专卖店和体验店销售，为的就是让消费者亲自体验之后再选择是否购买。曲雅芝表示："我们建议消费者了解体验后再购买，这是公司对消费者负责，让他们理性购买。"

因此，提到网上各种打着"福气多"的名气售卖假货的时候，曲雅芝非常气愤，她坚决拿起法律武器去维护消费者及企业的合法利益，不给无良商家有可乘之机。

同时，她把服务当成公司最好的营销手段。福气多公司保证所有产品终身维修，两年之内不收任何售后费用，承诺小件产品7天内维修，3天内发货，客服24小时在线。曲雅芝说，"我们坚持五星级的产品，六星级的服务。我们所做的每一件事都是应该为社会造福，而不是造孽。"有时候代理商处理不好的问题，曲雅芝会亲自安排主管去解决。不管远近，只要一个电话，挂完电话立刻就出发。

她说，"做生意，一定要讲究诚信。"

坚持公益，一直在路上

"福气多产品能够在行业中有自己的一席之地，靠的是品牌自身的核心技术和产品服务。"曲雅芝同时表示，回报社会为社会公益多做贡献也是福气多的使命。

"受益一些，就拿出来一些。公司赚多少钱不重要，重要的是向社会散发正能量。"曲雅芝不仅自己做公益，还带领公司员工以及代理商们一起做公益。她觉得这不仅是一种凝聚力的体现，更是爱心的传递。

近年来，福气多公司和旗下代理机构在全国各地发起公益活动上千次，志愿者参与几千人，每年在公益上花费的钱都在几十万元以上。

2013年，曲雅芝在岫岩玉石加工基地考察时发现，当地一家小学的教学设施和环境还处在20世纪七八十年代，泥墙石桌，学校连个像样的黑板都没有。她难以想象在这样的环境下，孩子如何能更好地学习。做了多年人民教师的她，内心的滋味难以言说，她顿时萌发了一个建立爱心学校的想法。

2014年，投资80多万元的福气多爱心学校在岫岩落地建成。从多媒体教室到电脑音响，教学设施应有尽有。从学校建成以来，福气多公司以及全国代理商每年都自发启动爱心基金，并采取专款专用的方式，向全社会伸出友谊之手。"学校缺什么，我们就送什么。"

2015年起，福气多公司对多名白血病患者奉献爱心。2016年，福气多继续关注教育扶贫，并爱心捐助了14名学生。2018年在浙江省嘉善县陶庄镇捐建爱心敬老院。

"企业要长远发展就要承担社会责任，奉献爱心是福气多公司的使命。"曲雅芝将此牢记于心。公益不是因为它有意义才去做，而是因为你做了，它才变得有意义。

她不是一个被上天宠爱的孩子，即便到现在这么多年过去，曾经的伤痛也依然没有愈合。她的身体上还留着曾经的伤疤，她依然无法像从前一样脚步轻盈地跳舞。但她内心坚定，脸上始终洋溢着温暖的笑容。当年，由于厄运车祸造成的伤害，主治医生都判断她50岁后要以轮椅陪伴终身，但她现在依然可以像正常人一样走路。有人讲：当上帝为你关上一扇门的时候，必然为你开启另一扇窗。

她心怀感恩，一路走来尽管磕磕绊绊却依然保持一颗热忱的初心。她的心里装着大爱，但行好事，莫问前程。

愿她要的明天，可以如约而至。

END

毛晓明

另辟蹊径，
在细分领域精耕细作

毛晓明：沃腾建筑装饰工程有限公司董事长。

Facebook的首席运营官谢丽尔·桑德伯格在《向前一步》里说："完成，好过完美。"在一个维度上垂直发展，专心、专注、专业做好一件事是毛晓明的行事风格也是多年来践行的原则。

移动互联网时代，不做第一，就做唯一。细分垂直领域越来越受到青睐，也更容易获得成功。而早在2007年，毛晓明就已经看准了细分垂直领域的巨大市场潜力，并专注地在一个领域深耕多年。

细分市场的巨大商机

毛晓明的第一份工作是中国移动、电信等固定电话、商用电话销售，他是最早做销售固话、商话的那批人。

2000年，高中毕业的毛晓明只身一人来到杭州，在做了两年散工之后，他选择成为一名销售。因为销售似乎是一个门槛最低的职业，也是最能激发人潜能的职业。"你想要什么得自己去争取。"

1978年，中国电话容量只有359万门，用户214万，普及率仅仅0.38%。改革开放后，落后的通信网络成为经济发展的瓶颈，自20世纪80年代中期以来，我国政府加快了基础电信设施的建设。到2003年3月，固定电话用户达22562.6万户，移动电话用户22149.1万户。

那时候，正是固话高速发展的时期。

也因此，毛晓明凭借自身的努力再加上大环境的支持，靠销售赚到了自己人生中的第一桶金。仅仅两年的时间，他的销售业绩已经可以和公司同事的业绩总和相媲美，在整个浙江省移动固话、商话销售领域可以说是数一数二的。

2008年国际信盟公布的第三代移动通信标准中，中国的TD-SCDMA和欧洲的WCDMA、美国的CDMA2000一起成为3G三大技术。3G技术的出现，也开启了手机发展新时代。

随之而来的，是固定电话用户的减少。

意识到这一点的毛晓明果断离职，误打误撞进入了装修行业，并于2007年创办了沃腾建筑装饰工程有限公司。

那个时期我国的装修市场正遇上房地产第二个黄金十年发展时期，"设计"理念也正为越来越多的人所接受，装修行业在这个时期发展迅猛。

然而，初入装修行业的毛晓明就是一个标准的"门外汉"，也为此交了不少的"学费"。2008年整整一年的时间都是在亏损的状态。

"不进，则退。"

毛晓明在不断学习的过程中，也在不断地思索企业的发展规划。如何在众多同行中脱颖而出，转亏为盈似乎是一个迫切的问题。

2009年10月证监会推出创业板，标志着我国多层次资本市场体系框架基本建成。随着多层次资本市场体系的建立和完善，新股发行体制改革的深化，新三板、股指期货等制度创新和产品创新的推进，我国证券市场逐步走向成熟，企业融资渠道不断丰富。与此同时，以信用借款为主的P2P网贷进入初始发展期。

金融行业的发展让毛晓明有了一个新的想法。"放弃杂乱无章，做垂直细分。"

毛晓明认为，行业细分，只要细分到极致，竞争才会最少，只有重度垂直，竞争者才无法完全跟进模仿，企业自身的优势才能发挥到最大化。

同年，毛晓明迅速调整自己的方向开始专注于金融行业的装修项目。用了三年时间拿到了金融公司、证券公司、保险公司等四五十个项目。

但仅仅专注一个领域还不够，要让自己变得更专业。

在设计方面，一方面与中国美院合作；另一方面，毛晓明还收购了一个甲级设计院，以合伙人的形式组建设计师团队。

目前，沃腾装饰具有国家建筑装饰二级、建筑装饰设计专项乙级、消防设施工程设计与施工一体化二级等多项资质。

稳扎稳打，步步为营

毛晓明向来奉行稳扎稳打。

《孙子兵法》一书里提到过，"善战者无智名，无勇功"。毛晓明坚信，这个世界是按物理法则严格运作的。靠一场突袭战役就可以打赢整场战争，借助一次传播就一劳永逸，一次策划就实现企业永续发展是不现实的。

企业的发展是需要一步一个脚印走出来的。

2012年，公司在快速发展的同时也遭遇了一些瓶颈，管理上的一些问题开始显现。2012年到2013年又是一个发展很慢的阶段，毛晓明开始有些慌了。

有人给他出主意让职业经理人来"救火"，然而企业出现问题以后职业经理人真的可以"救火"吗？毛晓明在心里打了一个问号。他觉得，很多职业经理人空降过来以后可能根本就不知道企业的具体情况，他们可以解决现阶段的问题，但毛晓明想要的是企业的长久发展。

只解决燃眉之急，这种情况在毛晓明看来其实是很危险的。最重要的，是知道自己错在哪里。

2012年下半年开始，毛晓明停业了三个月。这三个月他只做了一件事，就是沉下心来学习，不断地学习。与行业内的"大佬"交流，与高校里的教授探讨，与知名企业上层分享企业管理经验等。

"当没有方向的时候就停下来吧，停下来比盲目地前行更有效。"

2012年底的时候，毛晓明突然想明白一件事情。

也许是之前的发展太快让他有些得意被暂时的成功所蒙蔽，上升期的瓶颈让他猛的一个急刹车竟一时间转不过弯来。在经过一段时间的沉淀之后他终于意识到，做企业怎么可能会是一帆风顺的。

"如果一个企业一直很顺的时候，这个企业一定是死的很快的。企业一定是要碰到一些挫折以后，通过调整才能够高速发展。企业出现问题以后，首先要做的是发现问题出在哪里，然后去找相应的解决办法。"

生于忧患死于安乐，大抵如此。

毛晓明觉得，这个瓶颈来的恰如其分的好。

2013年开始，毛晓明不再急于快速发展公司业务，而是慢下来对公司进行全方位的整顿。到2014年，沃腾装饰开始实现平稳发展，并先后在北京、内蒙古、郑州、江苏、武汉、成都、深圳等地成立服务机构。目前，沃腾和近百家金融企业如中国太平洋人寿保险、新华人寿保险、中国信达资产、阳光保险集团、安邦保险集团等建立了良好的合作伙伴关系。

以人为核心的企业文化

"人才"是一个企业发展的基础。

在毛晓明看来，一个企业出现了问题，最大的问题就是人的问题。"产品的问题是可以调整的，但是人的问题是需要储备的。"

个人价值的创造是公司价值的基础。员工个人价值实现所激发出的激情与潜力将为公司价值增长提供无限动力，人才是公司最大的资产。实施以人为本的企业管理，是新时期市场经济条件下企业生存乃至实现可持续发展的关键所在。

　　在这个方面，毛晓明很擅长"站在巨人的肩膀上"。

　　他认为中国平安对企业文化有其独到的认识：企业有资产没人不行，企业有核心技术没人不行，企业仅有人才也不行，企业需要一群有凝聚力的人，朝着一个方向，齐心协力，才能获得成功。

　　如何才能使企业人凝聚在一起？这就需要建设一种优秀的企业文化。优秀的企业文化具有强大的凝聚力，为企业员工创造发展空间，吸引优秀人才，稳定人才，创造企业竞争优势，使企业充满活力，保持领先。只有优秀的企业文化才能有效协调企业员工，拧成一股绳，团结一致，创造性地运用企业资本和核心技能，产生强大的生产力。

　　海尔、诺基亚、联想、海信等国内外知名企业，无不把"以人为本、客户至上"的企业文化理念渗透到企业生产管理的各个环节之中，核心价值观是服务客户，为顾客创造价值，尊重顾客和员工，提倡团队精神，不断学习创新。

　　"很多企业文化可能是落不了地的，我们要学习的文化一定是可以落地的文化。"毛晓明认为联通公司的管理模式非常值得学习。

　　在联通公司，很多重要的管理岗位都会设置AB两角。A角为主，为岗位或主管工作的第一责任人，B角为A角岗位或主管工作的第二责任人。当A角不在岗或其他原因不能履职时，由B角负责履行A角职责，保证工作连续性。这个管理办法，可以通过相互学习以锻炼管理人员的多种能力，并激发潜能、增强团队意识。同时，提高了公司管理水平和避免了由"一个萝卜一个坑"带来的管理风险。

仁爱天敬

"我现在很能理解一个词汇,叫仁爱天敬。"毛晓明认为,"仁爱"是比较适合运用在企业的经营当中的。一个独立的个人如果缺乏"仁爱",那么他的世界观和行事方法就会偏离正轨。企业是一群人在一起做事,如果这群人都缺乏"仁爱",那么这个企业就有问题了。

很多优秀的企业,人与人之间都是有爱的。以阿里巴巴为例,它的宗旨是"让天下没有难做的生意",是一个商业性质的口号。但是在工作中,每个员工都有"花名",整个公司就是"武侠江湖",代代皆有才人出。一个没有仁爱的公司就是纯粹的商业机器,用的时间长了,肯定会折旧。

"穷则独善其身,达则兼济天下",这是侠之大者的胸怀,也是一种"天敬"。对于毛晓明来说,回报社会是一种责任,更是初心。他一直强调,企业一方面要做好自身的经营、管理和发展,提供更多的就业机会,贡献更多的税收,创造更多的社会财富;另一方面要饮水思源、回报社会,积极承担社会责任,投身慈善公益和脱贫攻坚。

格局决定一个人的命运,对于企业来说亦是如此,掌舵人的心胸以及格局对企业的发展至关重要。

在企业经营管理中,毛晓明一直遵循着三个观点。其一是学习,要去学习前辈们好的方面,停止学习就意味着停滞不前,离"灭亡"不远矣。其二是勤奋,美好的生活只能靠双手辛勤耕耘,天上不会掉馅饼。其三就是共赢。"怎么理解共赢这个词呢?很多事情私心太重肯定是不好的。为自身创造价值,以及为对方创造价值,是可以同时做到的,关键看你如何去权衡和取舍。如果企业没有共赢的想法，那么双方的合作必定不会长久。"毛晓明说。

　　观念上的转变是为了适应现实状况。毛晓明感叹，如今的社会环境已经天翻地覆。

　　首先是分工更加细化，各个岗位分工明确又相互关联相互合作。其次是社会对企业以及个人的职业能力要求越来越高，现在90后、00后，对生活的追求以及情感的要求相较于70后、80后等都是不一样的。最后，企业与企业之间，一定是互联互通的，但沟通方式发生了变化。毛晓明说："就像现在两个人谈恋爱一样，花费在手机上的时间比面对面交流的时间更多。"

　　随着"双创"思想逐渐深入人心，在毛晓明看来，公司未来会朝着合伙人制度的方向发展。比如招人，毛晓明做过统计，来到沃腾装饰的年轻人大多是应届大学毕业生，他们虽然年轻但都有独立创业的打算。现在的年轻人已经基本不需要解决温饱问题了，他们需要的是舒适的上班环境和良好的发展前程。

　　毛晓明希望沃腾装饰未来能做到共享办公，为那些需要资金以及资源的想要创业的年轻人提供一个良好的发展平台。

　　"只要项目合规，有发展潜力，我们这边可以帮他们做投资，帮助创业者圆梦也是在帮助自己圆梦。"毛晓明说。

END

赵 万 里

传承，
助推中国纺织走向世界

赵万里：杭州瑞丰汉艺纺织品有限公司董事长，浙江省女企业家协会副会长，杭州市女企业家协会执行会长，萧山区女企业家联谊会会长，全国妇女创先争优先进个人，全国三八红旗手，中国优秀创新企业家，中国百杰女企业家，中国品牌管理杰出人物，浙江省三八红旗手标兵，浙江省巾帼建功标兵，浙江省大学生创业先进个人。

她怀抱梦想，只身下海，二十载岁月的坚持与拼搏，使自己的企业在中国家用纺织品生产、销售、服务领域中抒写着新的时代传奇。她带领的瑞丰汉艺纺织品有限公司先后被评为"中国家用纺织品十大著名品牌""全国诚信经营示范企业""中国纺织行业AAA级信用单位""AAA级浙江省守合同重信用企业""浙江省诚信民营企业"等。

图／赵万里

瑞丰汉艺聚焦国际、注重高端、追求品质，有上万种家纺品分销于沃尔玛、迪斯尼、好市多等国际大型超市商场，是浙江省家纺出口的标杆企业。近十年，瑞丰汉艺上缴税收上亿元，年年荣登杭州市萧山区纳税大户的"英雄榜"。

她以坚韧不拔、奋发进取的精神风貌，为振兴地方经济和中国家纺行业做着自己的贡献。

她，是赵万里。

是传承的创新者、是行业的开拓者、是"一带一路"的践行者、是"精准扶贫"的先行者、"奉献爱心"的公益人……

下海

赵万里的生活，若是按照既定的轨迹本是波澜不惊的。

1993年，她从杭州商学院企业管理专业毕业，顺利进入一家国有公司工作，过着朝九晚五的自在生活。在外人眼里，一个女孩子有一份稳定而又体面的工作，已经挺好了。

然而，这种重复性的单调，缺乏挑战的工作很快让喜欢冒险的赵万里厌倦了。

赵万里觉得，这种可以一眼就望到边的生活不是她真正热爱的生活。她喜欢挑战、喜欢冒险、喜欢解锁新的自己。

她做了一个大胆的决定：自主创业。

坎山，是萧山手工业的发源地。民国初，意大利传教士将"万缕丝"这一绣花制品传入坎山，当地农妇将这一技艺发扬光大，兴盛时形成20万人的挑花大军，这一"舶来品"在萧山生根开花结果，"萧山花边"形成产业和品牌，成为萧山工业的一张金名片。

利用家乡传统花边产业的优势，结合自己精通外语的特长，赵万里于1994年创办了"依泰莲"绣品公司（杭州瑞丰汉艺纺织品有限公司前身），做起了萧山花边的进出口生意，开始了她的第一次创业。

挫折，接踵而来。赵万里用"风风雨雨"形容当初创业的艰辛。

创业之初，赵万里常常一个人拿着名片去广交会推销自己的产品，面对这么个20出头的小姑娘，多数人都是持怀疑的态度把她当骗子对待。他们不相信，她会是一家公司名副其实的总经理而不是一个皮包公司的骗子。

然而赵万里坚信，酒香不怕巷子深。好的产品，终会有它的销路。

哪怕被拒绝一次、两次、一百次，也要有一百零一次继续努力的决心。她一边进修自己的英语水平学习先进的公司管理理念；另一方面又拿着自家生产的萧山花边，不厌其烦地向客户介绍、推销。最忙的那段时间，每天仅有2～3个小时的睡眠。

功夫不负有心人，在赵万里的坚持下，"依泰莲"凭借优质的产品特性终于在西班牙、意大利以及一些中东国家打开了市场。以此为敲门砖，"依泰莲"开始畅销海内外。

从1994年—2002年的8年间，赵万里的足迹踏遍了欧美20个国家，公司也从最初的30多人发展到160多人，外包加工绣花的上万名女工遍布乡村。

转型

进入21世纪，和中国其他的传统产业一样。因手工绣花成本高、产出低，萧山花边行业整体步入低迷。

2002年，赵万里凭借其敏锐的市场洞察力，突破传统，由手绣向机绣转型，由单一花边产品向家纺产品升级，坚定地开始了她的二次创业，并将公司更名为杭州瑞丰汉艺纺织品有限公司。

从"依泰莲"到"瑞丰汉艺"，赵万里完成了华美的蜕变。通过引进美国先进的全自动生产线设备，经过消化、吸收、再创新，促使企业从传统劳动密集型生产发展成技术密集型生产的蜕变。

随后，瑞丰汉艺公司获得了产品自营进出口权，赵万里果断将花边产品转型升级为家用纺织品，并带领企业积极开拓国际市场，凭借着优秀的品质、优质的服务，迅速打开欧美市场，企业步入发展快车道，瑞丰汉艺扛起了振兴萧山花边的大旗。

目前，瑞丰汉艺已是WAL-MART、COSTCO、DISNEY等的主要供应商。

"萧山花边有一百年的历史，是萧山工业的缩影，是萧山的一张金名片，被列入浙江省非物质文化遗产，在传承中创新是我们这一代人的责任。"赵万里如是说。

2012年，萧山花边文化研究会成立，赵万里出任首届会长，倡议发起萧山花边节，出版《萧山花边文集》，在光明小学和坎山成校设点开展非遗教育。"我们要传承萧山花边特有的城市文化，更要助推萧山花边业在新时代发展壮大，瑞丰汉艺在这方面有作为、有收获。"

随着国家"一带一路"的推进，赵万里敏锐地把握这一趋势，实施"走出去"发展战略，布局中东、非洲，在沙特阿拉伯投资办厂，投资PET涤纶短纤项目，使得瑞丰汉艺多元化迈出关键一步。

另一方面，赵万里大力拓展以南非为桥头堡的非洲市场；开辟东欧市场，与俄罗斯最大的家纺连锁超市建立合作，产品远销俄罗斯、乌克兰、哈萨克斯坦等国家。

出国考察开拓市场，参加展会寻觅商机已成为赵万里每年固定且不可缺的工作日程。

赵万里表示，瑞丰汉艺是"一带一路"的参与者，更是得益者。

品牌建设

赵万里常常说："创业难，守业更难。"

因此，她格外注重"诚信、创新、品牌"，率先在企业内完成质量、环境、职业健康三体系运行。并始终将诚信放在首位，树立了良好的品牌形象。

2000年，一名叫穆斯塔法的土耳其客商慕名前来购买产品。源自对赵万里的信任，客商没当场点清货物就坐下午的班机去了香港，细心的赵万里发现客人少拿了一包价值3万元的货物后，就立即用特快专递将货物寄到了土耳其。

2014年，有批出口到美国的货物，由于面料在染厂后处理时出现问题，货物交期临近，在原本可以跟客户协商接受货物以减少损失的情况下，为保证交期和产品质量，赵万里主动向客户提出重新安排生产，并主动承担空运这批货物的全部费用。

她的这些举动，为其赢得了广泛赞誉，也让瑞丰汉艺的路越走越宽。

赵万里每年都会主动接受国内外客户对工厂环境、产品质量等监督考核，考核等级均达优秀。

在赵万里看来，与时俱进，创新发展是企业发展之道。她亲自主持设立"岗位创新奖"评选机制，积极挖掘并发挥员工的创造潜力、活力，先后有近50个职工创新项目获得嘉奖。

近几年来，她领导和组织有关人员先后研制开发新产品400多个，投入批量生产的200个，并成功申报50项专利和8项省级新产品项目。在赵万里的努力下，产品出口合格率一直保持100%，在客户中赢得了较高的声誉。

在技改项目的确定和实施过程中，赵万里始终恪守高起点、高质量、高产出、高回报的准则，坚持技改与提高设备档次和产品附加值相结合，技改与扩大生产规模和优化产品结构相结合，技改与高效率、快节奏相结合，做到了技术、规模和效益的高度统一。2002年以来，企业用于技术改造和新产品开发累计超亿元。

目前，企业具备生产高技术含量、高附加值产品的能力，高技术含量的提花布产品比重达80%，保证了以多品种、高质量的产品满足国内外市场的需求。

回报

瑞丰汉艺近十年累计上缴国家和地方税收超亿元，近三年累计上缴国家和地方税收4000多万元。

赵万里关心企业员工，先后培训和安置300多名下岗职工再就业；她在企业内建立阅览室、健身房、配置台球、乒乓球设施，丰富职工业余生活。

她还热心慈善，先后两次累计捐赠萧山区慈善总会留本冠名慈善基金600万元；捐赠萧山区人民政府教育基金会留本冠名定向基金200万元；捐款50万元资助"姐妹爱心互助基金"帮助全区特困单身母亲家庭；捐款近30万元资助八大村修建何瞿路以及村企共建活动；捐款20万元资助杭州市"美丽基金"帮助家庭困难的女大学生、身患"两癌"的重病妇女和农村贫困老年妇女；在性别平等与企业社会责任杭州国际会议暨"他为她"行动中积极捐

款20万元······

近几年来，赞助捐助各项社会事业建设资金逾500多万元。

在赵万里看来，在其位就要谋其职。

作为萧山区文化研究会会长，为保护和传承萧山花边这一非遗物质文化遗产，她勇挑重担，在坎山镇人民政府的支持下，与编委会成员一起于2013年8月编写出版了《萧山花边》一书，传承发扬非物质文化遗产，该书详尽地记录了萧山花边近一个世纪的发展历程，准确地描述了萧山花边的工艺特色，为后来研究者提供了许多宝贵资料，并带领研究会积极申报萧山花边国际地理标志。研究会在光明小学设立非物质文化遗产传承点，让广大学生传承非遗文化，举办萧山花边大赛，加强非遗文化的保护。

作为浙江省女企业家协会副会长、杭州市女企业家协会执行会长和萧山区女企业家联谊会会长，她积极服务会员，主动担任杭州市和萧山区女大学生就业创业导师，积极做好大学生尤其是女大学生的就业服务工作。

作为一个妇女工作者，赵万里在引领广大女性创业创新上将自身优势淋漓发挥。她积极助力乡村发展，组织萧山农业龙头女企业家及民宿、农家乐女主人代表开展"乡村振兴·共谋发展"座谈会，赴临安考察民宿经济，向先进学习，助推民宿产业发展。在筹备成立民宿联盟时不遗余力。在河上建立"乡村振兴·女性创业就业基地"，鼓励女性投身"三农"发展，促进农村女性创业创新。赵万里主动联系成立了首个萧然女性美国加州分会，与美国浙江商会加州首府分会签订合作意向书，搭建国际化女性创业创新平台。组织女企业家举办高端形象礼仪培训、跨境电商主题沙龙、浙港经贸合作周、国学讲座等培训活动，组织开展德国游学、北大研学等专题学习活动，引导女企业家创新发展。

作为萧山区女企业家联合会长的赵万里有一件事让她感到无比自豪，这几年，经济形势较困难，但萧山女企业家联谊会的会员单位，没有一家因经营不善而倒闭，这就是平台的作用。

2015年，联合国组织国际女性企业联盟授予赵万里性别平等与企业社会责任"他为她"行动贡献奖；2016年，We Connect 国际女性企业联盟授予赵万里为2016国际女性自主创业之星。

她是一位睿智可亲的知性女性，一位外柔内刚的巾帼须眉。

她脚踏实地，行万里路也仰望星空。

END

卞继州

开启中国市场
欧米伽3元素新纪元

卞继州：杭州天龙集团有限公司董事长，天龙亚麻籽产业研究院理事会理事长，丝绸之路生态文化万里行企业家协会副会长，中国城乡发展协会副会长，中国商业联合总会浙江分会会长，浙江省中小企业经济发展促进会常务副会长。

卞继州是出生在动荡年代里，成长在时代转折点上的幸运的人。

17岁之前，卞继州最期待的是每月一次父亲回家的日子。因为只有那天，他们全家人才会吃上一顿较丰盛的白米饭。

卞继州的父亲是一名南下干部，在父亲的眼里，只有国家和工作。在父辈那一代人的心里，祖国的建设高于一切。他们经历过战争，见证过中华人民共和国的诞生，他们比任何人都更加珍惜来之不易的和平。

然而，本是"根正苗红"，却因母亲"地主家的大小姐"出身而使卞继州的生活在那个特殊的年代被蒙上了一层阴影。

日子过得很是清苦。

那时候的卞继州心中只有一个信念，就是为父母争光。

"我不想因为自己的不争气，而让我的父母被别人奚落。"

也正是当初这个小小的信念，支撑着卞继州一路披荆斩棘，创下一个又一个傲人的成绩。

如今，那个誓要为父母争光的年轻小伙早已蜕变，扛起了艰巨的社会责任，准备创造新的辉煌。

义无反顾，选择自己的路

17岁那年，卞继州只读了一年高中就选择了辍学。辍学的原因很简单，仅仅是因为家里困难。"我想自己养活自己，不要靠家庭，也不想给家庭增加负担。"

父母不明白他的想法，对他极其不理解，母亲只觉得这孩子"不争气"，父亲甚至边打边骂，"小子不学好，读书都不读"。打也打了，骂也骂了，劝也劝了，卞继州像头"倔驴"似的不为所动，父母终究也拿他没什么办法。

最开始，他到工地做零散小工，后来又去做油漆工学徒。一次偶然的机会，卞继州成了杭州肿瘤医院的一名临时工，那时候一个月的工资可以拿到好几十块钱。节省一点的话不仅自己够花还能够给家里补贴一点，卞继州无比珍惜那份工作。

也正因为珍惜，他在各方面的表现都很优秀，得到了他的师傅以及很多人的认可。

得益于当时的政策以及自身的努力，卞继州很快迎来了自己的第一个机遇。

1980年末，在改革开放风气之先的沿海大城市上海，一个消息的传出犹如一股暖暖的气流激荡着许多有志青年的胸怀：11月26日，《解放日报》登载上海广播事业局公开招聘编辑记者的招聘启事，上海人民广播电台、上海电视台同步播出。一石激起千层浪，公开招聘牵动人事制度的变革引起社会轰动，掀起了社会大招工的热潮。

肿瘤医院后勤部看到卞继州一年以来的工作成绩，觉得这个小伙子很不错，就决定把这个"小鬼"留在院里算了。但是当时的卞继州有着更大的目标，电工出身的他想趁着这个利好的政策，去报考杭州电力局。

完全没有考虑到当时激烈的竞争环境，卞继州凭借着自己初生牛犊不怕虎地冲劲儿"逃离"了肿瘤医院奔赴万人竞选几人的那座独木桥，并且不出意外地落选了。

卞继州的父亲给他推荐了杭州水泥制品二厂，这个也是后来天龙集团的前身。

这是成立于1972年，由7350部队干校转入杭州城乡建设委员会后专业生产砼制品及水泥管道的国企，刚好面向社会招3个学徒工。虽说是国企，但是却很少有人愿意来。卞继州的父亲就问他，愿不愿意去，卞继州想都没想就答应了。

"我最开始是很高兴的，想着进厂了还是国企。总归不会差到哪里去的吧。但是来了以后一看，哇！这就是一片荒地啊！"

这个地方有多荒凉呢？

一条泥路，周边都是村落。水泥厂甚至连围墙都没有，到处都是坑坑洼洼。不下雨尘土飞扬，一下雨就没有路可走，车间里面湿漉漉的，外面下大雨里面下小雨。

卞继州的第一个念头就是：走！

在"荒地"中开出奋斗之花

厂长找到他，跟他谈心："年轻人，怕什么吃苦呢？好好努力，一定会有一番大作为的。"也正是因为当时厂长的这一番说教，给卞继州树立了很大的信心。

当时进厂的三个人，文凭高一点的那个负责制图，卞继州和另外一个学徒被分配到了车间。另一方面，由于家庭情况的原因他也总是被人看不起。"我就觉得，我为什么会被人看不起？我一定要做出点成绩。"

卞继州不服输，白天上班，下班以后就到市里的文化补习班上课。通过一年时间的学习，终于拿到了高中文凭。与此同时，他一边补习文化课一边补习电工的专业技术，学习相关理论等。也因此，原本要做3年学徒的他，却在第二年下半年就变成可以带徒弟的师父了。

而那一年，卞继州21岁。是当时厂里最年轻的师傅。

卞继州用自己所学，根据当时车间的情况提出了改造意见，经过改造不仅工作效率提高了还增强了车间的生产安全。

早上8点上班，7点就能看到他对机器设备进行检查调试的身影；下午4点下班，他最早也要5点钟离开，检查所有的机器设备。

"不是做给谁看，就是一种自我强迫感。怎么说呢？也许是源于内心的认真吧"。

这样的工作态度赢得了厂里领导干部的赏识，从第一年开始连续8年的时间，卞继州都被评为厂里先进工作者。

1985年，也就是卞继州进厂的第五年，厂里已经有了100多名员工。而他也是在那一年成了厂里的工会主席，同年也成为一名正式的共产党员。

说起这件事，卞继州迄今仍然觉得有些不可思议。

那时候工会主席不能任命，要进行选举。当时有两个候选人，年轻的卞继州只把自己当作陪衬，结果海选时他竟然全票通过，毫无心理准备的卞继州就这么"莫名其妙"地当了工会主席。

这个年纪轻轻的"小鬼头"，信心更加足了。

离开了基层工作的卞继州，开始担任办公室主任做宣传工作。

那时候的宣传不像现在意义上的宣传，做一份简报、写个黑板报、张贴一张活动海报等都是一种宣传。那个年代一般都是刻蜡版，刻出来以后再油印。一般单位要打印出一个书面材料，就得有专人把专用的打印蜡纸铺在一块30×10厘米的钢板上，用铁笔刻上必要的文字，然后再把刻好的蜡纸贴在油印机的纱网上，用蘸着油墨的滚子，一压一滚，一张一张印制出来。

用了一段时间以后，卞继州觉得这样不方便，于是便向上级请示买一台打印机。经过批准后亲自跑到上海，买了一台飞鸽牌的打印机，自己一个人坐绿皮火车把它背回来。

1988年，得到上面培养的卞继州担任生产副厂长。在其带领下，每个月的生产业绩基本上都是超额完成。

就当一切似乎都顺风顺水的时候，一个艰难的选择很快便摆在了卞继州面前。

1989年，组织选拔有理想、有道德、有文化、有纪律的"四有新人"，卞继州偏偏卡在了文化水平这块无法参与评选。领导找他谈话，是继续担任副厂长还是选择去读大学成了卞继州不得不面对的问题。

他纠结了很长时间，"读书，我就还有更大的上升空间。不能被眼前的名利所迷惑"。最终，卞继州选择了去上海的同济大学材料学院读大专。

1991年，学业有成的卞继州又回到了厂里，继续担任副厂长兼党支部书记。

临危受命，扛起挽救大局之重

1995年，厂里由于某员工工作失误出现了一起严重的工伤事故。当时的厂长也于当天下午生病住进了医院。一时之间，群龙无首。卞继州在这种情况下临危受命，被任命为厂长兼党支部书记，全权负责整个事故的处理工作。

而这个职务，一直担任到2000年企业改制。

卞继州当厂长期间，严加管理企业的生产安全、生产质量、产品体系等，从国外引进先进的设备以及工艺，进行技术、设备改造等。

1996年，杭州水泥制品二厂已发展成为全国混凝土给排水管道产品的龙头企业；1997年，在全国质管行业排行第三，卞继州也因此成为全国质管行业混凝土排水管道的标准制定修订成员之一。其产品不仅仅供应浙江省城市建设，还支持上海浦东陆家嘴、浦东机场建设；江苏苏州新加坡园区等重大工程的建设。

2000年是三年实现两大目标的最后一年，是实现国有企业改革三年两大目标的决战之年，也是党的十五届四中全会后的第一年。

水泥制品二厂也面临着企业改革。

然而，当时的水泥制品行业盈利并不乐观，放弃改制把工厂停掉，调离到别的单位也不失为一种利己的选择，但是经过慎重的思考以后，卞继州决定改制。

并且，他还做了一个大胆的决定——除了那些自己找到好单位主动离职的，不以公司的名义辞退任何一名员工。

"想要负担轻很简单，裁员就好了。但是我不想选择这种方法去减轻负担，对我来说，厂里的这些老员工都是我的师傅。"

到目前为止，天龙集团还有水泥制品二厂的80多位退休工人在管理、在服务。

后来，企业亏损严重，面临两个选择：要么停业、要么转型。

停业就等于给自己以及所有的员工判了"死刑"，但是转业还有一线生机。

2003年，卞继州积极腾笼换鸟，将水泥制品产业迁至湖南长沙。

2004年成立天龙集团，做过纸张市场，后来也做过物流、基础工程等。但是兜兜转转了几年，卞继州发现自己似乎还是没有走出传统粗放型产业的范畴，感觉错了。

他去参加清华大学总裁班，中央党校的短期班等。一方面是为了广泛听取国家政策的导向、发展的思路等，听取一些教授对行业对经济发展、管理等各方面的辅导经验等；另一方面就是为了多交一些朋友。

也正是在这个过程中，卞继州于2009年认识了军事医学科学院的王升启教授。

自此，开始了天龙集团的完美转型蜕变。

打造百年企业，一路向前

卞继州怎么也不会想到，自己有一天会接触生物制药。

"当时我并不明白生物药类是什么东西，但是我觉得这个东西肯定好。"当时的王升启教授正在研制一种用于治疗肝癌的药物，为了研究他整天泡在实验室里，研究了整整12年。卞继州听了他的故事以后感触颇深。一方面是感受到研究的艰辛、科学家的刻苦精神，另一方面是中国的科学家们为了中国的研究事业鞠躬尽瘁而感动。

如果把这个药研究成功了，那是对中国民族产业一个强有力的提升，同时，还可以造福人类。

卞继州当时就有了一种想法：合作！

在政府部门等的协助下，天龙集团与军事医学科学院达成了合作，开始实行公司产业转型。至今已累计投资七千万元用于药物研究。

天龙也成了与军事科学院合作并打造的四个国家级研发中心之一。

2012年年底，天龙集团率先拿到了国家发展改革委授予的核酸药物国家地方联合工程研究中心。

2018年3月，中国第一粒核酸治疗肝癌一类药物CT102获得国家药品监督管理局批件进入临床阶段。

由于药物研究时间长，天龙集团开始进行第二阶段的转型——健康领域产品的研发。

2012年，卞继州经朋友介绍认识了长期从事生命科学和营养学研究，尤其在功能食品研究领域有较高造诣的教授。当时教授刚好有一款做儿童益智的产品在申请专利，两人一拍即合开始合作，点燃了做亚麻籽油产品的决心。

"当时还没有做儿童益智的产品，我们决定做这个东西。"

智力发育产品里面核心元素就是ω-3元素。ω-3元素存在于深海鱼油和某些植物里。但是由于海洋污染等因素，深海鱼油里面又有重金属，因此不能应用到婴儿和儿童智力发育上。为了安全，卞继州和教授两人一直苦心寻找富含ω-3元素的安全植物。终于发现陆地上有几种植物是富含ω-3的，最后找到了甘肃会宁亚麻籽。它不仅是有机绿色种植，并且ω-3含量高，于是天龙集团在甘肃会宁签订了40万亩的合作基地。

从2012年开始，天龙集团打造了一个完整的产业链，从亚麻籽种植到精加工、产品研发到销售终端等，经过三年的努力，终在2015年11月份正式拿到生产许可证。

目前，天龙集团下设4个子公司、2个研究院、拥有国家级工程中心

图／卞继州

1个。企业现主持参与国家重大专项及863项目7项，拥有发明专利授权17项，主要研发的高科技产品包括亚麻速溶粉系列、合智元系列、抗肿瘤一类新药（CT102、Cantide等）、抗病毒一类新药（Flutide等）等将陆续上市及临床。

天龙集团不仅与军事医学科学院、浙江大学、南开大学、美国哥伦比亚大学等国内外知名院校建立合作关系，还聘请成立了包括3位院士在内的技术委员会及11个领域专家组成的企业战略发展研究中心，共同推进公司科研项目的产业化进程。

"办企业是没有回头路的，既然走上去了就得走下去。"

作为一种社会所需求的产品，不能以次充好以假乱真。做优质的产品，让更多的老百姓用上更加健康的产品是天龙集团的使命。

卞继州的目标是打造百年企业，打造百亿产值，打造百岁人生理念。

聪明只是一种天赋，而品行，却是一种选择。真正的智者都会明白，最好的风水是人品，最高的精明是厚道。

卞继州一路走来，用自己的品行与厚道为自己开拓了一条康庄大道。

END

曹珊珊

靠一条围巾
名扬海内外市场

曹珊珊：浙江靖捷进出口有限公司董事长，浙江鑫莎服饰有限公司总经理，浙江宸锐进出口有限公司董事长，中国小商品市场商会理事，浙江民营家企业协会副会长，义乌女企业家协会副会长，义乌围巾协会副会长，浙商女杰创业先锋，嵊州市新生代企业家协会理事，嵊州市女企业家协会理事，东盟六国商务大使。

今年33岁的曹珊珊，依然活得像个少女。

长相甜美，爱笑，笑容也总是很有感染力。曹珊珊像个实打实的小女孩，却更像一个长不大的小男孩，对世界抱有好奇，勇敢地去探索未知新鲜的事物。

图 / 曹珊珊

她爱化妆、打扮、逛街、购物、健身、旅游，她也为了自己的事业去拼尽全力。

明明是富二代，却偏偏要自己去闯出属于自己的一片天。

很难想象，这样一个看起来还只是小姑娘的女孩，其实已经在丝巾这个行业打拼了十余年。她曾因为一个单子苦熬四天四夜，也曾被生活狠狠地扇过耳光。但如今，伊朗百分之八十的客户都在她这里拿货，她不仅将自己的丝巾事业做得风生水起，而且创立了自己的丝巾品牌——鑫莎，还为自己的鑫莎品牌做代言人。

她说人生总没有一帆风顺的，我们要在磕磕绊绊中学会成长。不要去害怕什么，进一寸就有一寸的欢喜。

"但是不论何时，我都要提醒自己：你是一个公主，你要有公主该有的样子。"

但那并不代表你一定要温顺、乖巧，也不一定要叛逆、有野心。

你可以按照自己的意愿，活成最闪亮的模样。

"散养式流浪"的漂泊童年

曹珊珊出生在绍兴嵊州一个普通商人家庭，源于家族都是做小商品生意，曹珊珊从小就在市场里长大。耳濡目染的她，总也学了些做生意的人情世故。她跟着父母做过小百货，在义乌卖过鞋子、围巾，到昆明卖过领带、衬衫等。

如果用一句话来形容曹珊珊的童年，那就是"散养式流浪"。阿姨家、奶奶家，昆明、杭州、义乌……她在很多地方生活过却似乎从来不属于那里。多年的散养式流浪造就了她极强的适应能力。与此同时，父爱母爱在她成长时期的缺失也曾一度让她对亲情感到生疏与淡漠。

"初中之前对父母的依赖感几乎为零，我一度以为爸爸妈妈只是用来要钱的。"

　　爸爸妈妈为了让她有一个更好的学习环境，把她一个人送到杭州读书。在杭州的那一年是曹珊珊学生时代最艰难的时期。"最开始来杭州的时候没有朋友，身边也没有人陪伴，每天都哭。"她原本就是一个性格内向的人，长久的孤独感快要把曹珊珊吞噬掉了。

　　曹珊珊选择了和自己和解，把自己长久的孤独感释放出来。她的性格也在那个时候开始慢慢转变，由内向转成了外向。

　　由于曹珊珊始终不习惯一个人在杭州，初三那年被父母接到了昆明，她终于结束了自己的"流浪"。2006年，曹珊珊的父亲经朋友介绍，回到义乌重新开始创业，在篁园市场的五台街开了一家围巾店面。还没有大学毕业的曹珊珊开始跟着母亲学习经商。2007年，母亲回到了义乌帮助父亲，曹珊珊又变成一个人留守昆明，昆明的衬衣领带店铺的经营也交到了曹珊珊手上。

　　她至今还记得，某年暑假去昆明，那也是她第一次出远门。母亲让她到店里帮忙看铺面，有个客户进来买草帽，曹珊珊的母亲让她去招待客人，性格内向的曹珊珊不知道如何开口，普通话也不熟练，但她却一直很热情，正因如此，客户买了单。也是这个客户的认同，让曹珊珊一下子自信满满。

初入茅庐的"酸甜苦辣"

　　2005年，联合国、世界银行、摩根士丹利等世界权威机构联合发布的一份中国发展报告中，称"义乌为全球最大的小商品批发市场"。2008年，义乌市场面对种种困难实现平稳发展，集贸市场成交额达492.3亿元，同比增长6.83%。截至2008年底，义乌市场成交额已经连续18年位居全国各大专业市场榜首。每天，有来自全国各地的20万经商大军活跃在市场里。其中，常驻义乌采购商品的外商超过万名。

看中义乌市场巨大的发展潜力，2008年，曹珊珊大学毕业后回到义乌开始从事围巾生意。

重新回到义乌，又是一个陌生的城市，每天都是家里、店里两点一线的生活。起初，他们是直接从厂家拿货自己再转手卖掉，利润微薄。

昆明的经营模式大多是内销，零售兼批发。而义乌的货物不仅供应国内，在国外也非常火热，外贸与内销结合，注重薄利多销。"一条围巾赚一毛钱"，对此种商业模式还不完全了解的曹珊珊对围巾生意无比排斥，甚至想过放弃经商这条路。

但曹珊珊的母亲始终认为，她是块做生意的料，便想了个主意。承诺如果曹珊珊好好做，就在一年以后买辆"甲壳虫"汽车给她。

那刚好是"甲壳虫"流行的年代，曹珊珊心动了。20出头的年纪，经不住母亲的"诱惑"，曹珊珊开始潜心跟着母亲学习。她笑说，自己是个"没有主见"的人。

一个在意大利罗马做生意的温州人，来到曹珊珊家的围巾厂订购了一款长巾，总共十几个款式，数量达到十几万条。第一次接手生意就是一个大单子，曹珊珊又紧张又兴奋。但刚刚接触印染的曹珊珊，对面料、印染这块还只是略知皮毛而已。

一辆车、一床被子、身边一个员工，势单力薄的曹珊珊在印染厂守了四天四夜，一刻也没合眼。秉持着"不懂就问"的精神，曹珊珊不停地问技术人员各种问题，现学现用，终于熬到成品出厂。

　　结果，在最后一道"水洗"的程序上出现问题，围巾的底部出现油渍，怎么也洗不掉。由于是外贸，货期比较紧张，曹珊珊急得哭出了声，一边哭，一边想着怎么解决这一问题。找到工厂负责人，对方一句，"你不是全程自己看着的吗？"将曹珊珊怼得哑口无言。

　　压货回去的路上，四天四夜的困倦夹杂着挫败感，如洪水猛兽般向曹珊珊袭来，她一边开车一边不停地掐自己的大腿，抹了风油精，让自己保持清醒。客户那边，还等着她的一个交代。

崭露头角的不断挑战

　　越努力越幸运，不只是一句鸡汤。

　　所幸这些油渍如果不是非常仔细地去看，是看不出来的。曹珊珊开始想尽办法跟客户沟通，意大利华侨客户最终以低价接受了这批"残次品"，但因其款式新颖，销量出乎意料的好。这一单之后，意大利的生意开始源源不断的来了。然而曹珊珊至今都觉得愧疚，"我很感谢我的客户，感谢他们对我的包容与信任"。

　　也正因如此，这件事情以后更坚定了曹珊珊认真做好每一件事的决心。她觉得，"任何一个成功人士，永远都是在专注一件事"。

　　2009年，曹珊珊一家将他们的围巾店铺搬进了义乌小商品三期四区市场，而他们的店铺——小叮铠围巾也是当时在市场唯一一家有三个店面的店铺。

　　曹珊珊的父母一直觉得要么不做，要做就要做大，曹珊珊深受他们的影响。

　　2009年，一个俄罗斯的客户找上门来，一张口就是300万元的单子。从来没有单独做过出口的曹珊珊吓了一跳，担心对方是骗子还到处去咨询别人。最终商定对方先交30%的定金，货到付尾款，谈了整整一个月才最终签订了合同。

　　"想来自己那个时候也是胆大，一个柜子能装多少货？怎么提单？怎么申报退税？我都不懂，还把3个柜子弄成了5个柜子。"只能找翻译去跟客户沟通，客户最终愿意接五个柜子的货。

　　一直合作的印染厂因数量太大无法在约定的时间内生产出这么多的货物，曹珊珊便和母亲一起去找别的厂家。也是在那个时候，曹珊珊开始对母亲有了很大的改观，"我觉得我的妈妈好厉害，我也想成为像她那样的人"。

　　第一个柜子运出去以后客户付清了一个柜子的尾款，这笔单子是曹珊珊从头跟到脚的。但令曹珊珊没有想到的是，剩下的货物便没有那么顺利了。

　　工厂交货时间延迟了40多天，恰逢北京下了一场大雪，海运走不了，只能走铁路。由于没有在约定时间内交货，客户那边也不再同意接收全部5个柜子的货而是恢复到最初3个柜子的货。

　　不仅如此，剩下的200万元尾款也一直没有付清。

　　一时间，原以为的大单一下子变成了亏损的买卖。不仅没有结清尾款，还剩下了2个柜子的存货。曹珊珊一度怀疑自己是否真的有经商的能力，苦恼了很长一段时间才调整好自

图／鑫莎围巾

己的状态。

那么多存货怎么办呢？干脆把所有的存货款式全部都在店铺里展示出来。结果，曹珊珊一跃成为当时市场上方巾款式最多的商家。也因此，吸引了大批中东国家的客户。其中，就有曹珊珊现在的伊朗合作伙伴Bijan。

兜兜转转的再出发

"拿8件货搞了一下午，却因为款式不对又被退回来重新验货，结果搞了一整天。"曹珊珊忍着脾气没发火，谁知第二次这个伊朗的合作伙伴就直接定了价值约180万的货。

伊朗的客户不像大多数人认知的那样，有了好的货源，自己偷偷藏着卖。他们会介绍更多的客人，和自己的合作伙伴分享货源。常常是一位客人上门，觉得这家产品不错，下次再登门拜访就是五六个或者一大堆人一同前来签单子。

目前，曹珊珊已经和这名伊朗的客户建立了深度的合作关系，伊朗80%的客户都在她这里拿货。这其中很大一部分原因，都源自曹珊珊的"大胆"。她觉得只要是好看的花型就会去做，结果这些恰巧都是伊朗人喜欢的。这个伊朗合作伙伴从土耳其带回来一个新面料，也就是这个新面料，让曹珊珊开始跟工厂一起研发一起分析这个新品种，整整花了6个月的时间终于把这款"亚光面料"研发成功了，也因此她成了市场上第一家有这种新面料的店铺。

曹珊珊的"小叮铛"品牌凭借着多样的款式、优质的产品、低廉的价格，渐渐地在伊朗打出名声。2011年，曹珊珊开始全面转战外贸。"2011年—

2013年，可以说是钱在门口排队等着我们拿，已经夸张到了这种地步。"

可也是这个时候，曹珊珊离开了她的"战场"。"我其实并不想做女强人。"这是她当时内心的声音，于是她回到昆明，跟一直恋爱的高中同学结婚了。

刚刚结婚的时候，她觉得也许这才是她想要的生活。不用每天早起工作，不用操心任何事情，她只需要每天睡到自然醒，出去逛街购物就可以了。然而持续了半年之久，她开始慌了。

"这样的日子，太无聊了。"曹珊珊意识到，女人还是要有自己的事业，生活才会完全是自己的。她要把自己的主动权，握在自己的手中。

2015年，曹珊珊正式注册成立了自主品牌——鑫莎。鑫莎的LOGO是曹珊珊自己设计的，两个S组成的图案，既寓意了自己的名字"珊珊"，图案的组合像是一个心又像是两只小天鹅，都是美好的象征。

鑫莎在出口伊朗等中东国家的同时，曹珊珊也在转战国内市场。与外贸不同的是，国内市场要做高端品牌。"像LV、GUCCI、CHANEL等国际知名品牌，我们也要做我们中国自己的国际高端品牌。"

曹珊珊在工作之余会不断地学习，她始终觉得自己的管理能力不足，对员工有所亏欠。因此，任何一个学习的机会她都不落下。曹珊珊认为，她应该去理解员工的生活方式，不委屈自己强行融入他们，也不委屈员工牺牲自己成全老板。跟她最久的员工，已有十年。她们都亲切地叫她，"珊珊姐"。

她觉得自己的人生不能太安逸，时刻激励自己不断向前。

像所有的小女生一样，她喜欢购物，"当我买买买的时候发现原来我喜欢的东西都这么贵啊，然后我就会告诉自己赶紧去挣钱。"她笑着说。

她喜欢拍照，为了弥补儿时照片的缺失，她会把所有的照片都打印出来。一方面作为回忆，另一方面看着自己一点一点地改变。

她觉得，当你回首曾经经历过的所有事情时，原来一切都是最好的安排。

END

李璐

"杀死"偏见，
治愈万千女性

李璐：香港妙熏科技集团有限公司董事长，中国企业经济发展联合会常务副会长，中国第78期影响力人物，2015年中国新经济人物杰出女性，2016浙商十大女杰，2018新时代新经济十大商业木兰。

人们为什么不可以大大方方的讨论性？

几乎全世界的男女都把"性"当作讳莫如深的话题，"性是洪水猛兽"这种观念延续了几百年。这种情况在我们中华民族五千年的封建思想中尤其显现，中国人在对待"性"这个问题上，似乎从来都是不坦诚的。

但是性，跟我们每个人的健康都息息相关。

始终致力于两性健康研究的香港妙熏科技集团有限公司董事长李璐举例说："在姚晨主演的《我要上青云》那部电影中，女主角盛男从不乱搞男女关系，几年没有性生活，但她依然患上了卵巢癌"。

女性妇科疾病跟性生活不洁有直接关系吗？她抛出这个问题后，说了这么一句话："这是很多人对于妇科疾病的一种极大的误解，这种错误的认知就是因为大家对这方面的理解太匮乏。"

由于我们中国的教育体系讲生理课讲的不多，就算讲也是一种很含蓄的表述方式。大多数的女孩都生活在"性"是羞耻的教育环境中，大家"谈性色变"，从不把它放到明面上说。

李璐不同。

她不仅敢说，还敢为万千女性发声，呼吁更多的人关爱两性健康，并且在两性健康领域有着卓越的成就。

李璐自称为两性文化的传承者、两性健康的传播者，她觉得，这个责任无比重大。

2018年，获得新时代新经济十大商业木兰奖更让李璐觉得，这是使命也是不断前行的动力。

李璐面容精致、身材娇小，体态优雅。而就是这样一个小女人，却有着比男人还强大的内心。她带领的传统医学专家研发团队，通过中医中药的理论，结合纯草本原料，运用生物技术研发出的两性生殖养护产品，预防及调理好了上百万女性的妇科问题，拯救了无数个家庭。她引领团队不断传播两性文化和两性健康知识，立志要唤醒国人对生殖养护的重视，远离生殖癌变。

这是李璐的获奖理由，也是她事业的真实写照。

同时获得木兰奖的还有董明珠。而这也更加说明了，李璐在整个行业地位举足轻重。

强企惠民，联合共生

2019年的风，从2015年就开始吹。

　　"互联网+"在2015年被提出，互联网思维开始频繁被人们提及。如今，互联网平台已经给商业世界带来了巨大的冲击。正如索尼前董事长出井伸之所言，"新一代基于互联网DNA企业的核心能力，在于利用新模式和新技术更加贴近消费者、深刻理解需求、高效分析信息并做出预判，所有传统的产品公司都只能沦为这种新型用户平台级公司的附庸，其衰落不是管理能扭转的。"

　　事实上，平台模式由来已久，但直到互联网的出现，它才具有了全新的规模与影响力。

　　与此同时，改变是迫切的。

　　2018年是艰难的一年。这一年，英国在脱欧的边缘反复横跳，美国对各主要贸易伙伴挥起大棒；行走在灰黑地带的P2P大面积爆雷；伪劣疫苗引爆众怒自取其咎；一些著名人物像燃尽的恒星一样独自带走了他们的时代。

　　这一年的难，美业也没有幸免于难。

　　不仅表现在更激烈的竞争和更低的到店率，还有内部行业的整肃和外部税务制度的调整。这些大趋势上的改变裹挟着人们不得不去改变。

　　正所谓时势造英雄，"好风凭借力，送我上青云"。

　　李璐觉得，企业要想生存下来就要与时俱进把握时代的脉搏，解读国家的政策按照国家的风向标来走。

　　于是，香港妙熏科技集团有限公司在这一年突出重围进行了转型升级，由只做美容院产品的一家研产销一条龙服务的公司转变为平台型公司。

　　针对市场上对于性健康的空白及巨大需求，建立了一个以"联合、共生、共享、共赢"为主题专注聚焦两性生殖健康的特色电商平台——妙联汇，并且完善了线下合伙人机制——万店联盟会，意在打造一个去中心化、定制个性化、经营零风险的服务型互利平台，进入美业新时代。

李璐坦言，成立平台的初心是联合做健康、美业的人及机构等在这个平台上可以合作共赢。在李璐看来，个人做不过一家公司，一家公司做不过一个平台，因为平台可以承载和包容更多。这种包容，是一个单一的公司、产品无法做到的。

"联合共生，联合就是联合行业内的人、店、机构、公司等共创共享共赢共融。"

李璐还有一个更大的愿景，"用我的余生去做强企惠民这件事"。

所谓的惠民，不仅仅是体现在平台的去中心化，给消费者利益最大化。最重要的是，产品的安全升级。

佳人当如花，娉婷而盛开

李璐早年毕业于新加坡大学HR管理系，还曾就读于北大EMBA金融班及美国EMBS商业模式班。

1992年，她踏上了美业之旅。

由于自身原因，李璐开始关注女性妇科疾病与两性健康。

2000年，为了成就更好的自己，李璐拜国医大师唐祖宣为师，开始潜心学习中医，并成为一名中医医师。先后获得国际高级美容师资格证、国家人力资源部及社会保障部颁发的高级养生指导师资格证。

也是在这个过程中，李璐越来越清晰地认识到两性健康的重要性却也越来越感知到国人对"性"的讳莫如深。

她从来不避讳"性"这个话题。在李璐看来，性也是我们的一个刚需，我们只知道衣食住行这四个显性刚需，却往往忽略了或是故意忽略了隐形刚需——性。

现在各种妇科疾病的高发已经开始唤醒了越来越多的人对女性健康的高度重视。尤其是60后、70后、80后，相比于现在的90后、00后，她们没有得到很好的性教育，对性缺乏一种正确的认知，身体却正处于一种亚健康的状态，这种情况急需改善。

"为什么妇科疾病就难以启齿呢？"

她迫切地想要改变这种现状。

要让更多的女性意识到两性健康的重要性，让"性"不再难以启齿成为

图 / 李璐

李璐的使命。

2011年，李璐进入预防女性两癌的专家小组开始做公益普及。那时她全国各地跑，给大家做一场接着一场的公益讲座，普及、传承、传播两性健康。

"首先，我得让大家明白，两性不是性生活，是生殖系统，是两性生殖健康"。

乳腺癌、宫颈癌是危害女性健康的两大"杀手"，近年来有不断增高和年轻化的趋势。数据显示，我国每年新发女性乳腺癌19万例，宫颈癌13万例，且发病率呈逐年上升趋势，而35～64周岁是两癌的高发期，对女性健康和生命构成严重威胁。

"它们并不可怕，可怕的是我们总是去回避它。"

自古以来，女人都被比喻成美丽的花朵。佳人当如花，娉婷而盛开。

为保持"花的娇艳"，"养根"很重要，而这个"根"，就是女人们的生殖系统养护。

中医重要文献《黄帝内经》中有记载，"女性之美，源于胞中"。而胞中就是现代医学中的子宫、卵巢、盆腔、阴道等器官，也就是我们的生殖系统。

李璐觉得，口头上的讲述还不够。"医者仁心"，为了理论结合实际，李璐产生了要研发一系列专注生殖养护产品的想法。

香港妙熏科技集团有限公司就在这样的背景下，诞生了。

烟霭绕，安而生

一直跟中医药打交道的李璐，深知药物熏蒸被人们用来治疗疾病有着悠久的历史，同时也是中医外治法的重要组成部分。

以中医养生为主业，李璐带领自己的研发团队开发出了一系列的生殖养护产品。

目前，妙熏科技研发出来的"会阴熏蒸"养生项目，依据中华5000年的中药熏蒸文化，将药食同源的草本植物经过高科技的工艺提取其精华，结合现代的远红外熏蒸仪器，将植物精华液加热煮沸所产生的气体来熏蒸女性会阴部。

早在《黄帝内经》中就有"摩之浴之"之说，东汉医圣张仲景的《金匮要略》亦记述了用苦参汤熏洗治疗狐惑病蚀于妇人下部的药方与手法。《理渝骄文》曾指出"外治之理，即内治之理；外治之药，即内治之药，所异者法耳"。

妙熏"会阴熏蒸"依据人体给药的途径之一阴道给药，因此药材安全变得尤为重要。

我们常说，上等药材是食品、中等药材是药材、下等药材是毒品。

在李璐看来，所谓病从口入，阴道也相当于女性的"口"，因此产品安全至关重要。"当我们给药到身体的东西，产品一定要安全到可以入口，所以我们的配方全部是药食同源的上等药材、草本。"

除了身体上的治愈，李璐更加关注心灵上的治愈。她觉得，凡事淤堵情绪。

在《黄帝内经》中，十二经络各主一类情绪，认为负面情绪产生的原因是经络中能量堵塞的原因，如果疏通了经络，负面情绪就会自然地消失。

李璐至今都记得因为妇科疾病而产生负面情绪要自杀的那位患者，这事成了她心里的一根刺，时不时地都在刺痛她。被慢性妇科病困扰的女性患者数不胜数，李璐觉得，"应该杀死的是对性健康的无知对女性妇科疾病的偏见，而不是患者"。"杀死"偏见，治愈她们成了李璐一生都要去做的事。

从业27年来，她以自己独到的内外兼修的保养理念，以教育营销大于强力推销的营销方式，帮助无数顾客解决了女性生殖健康及亚健康问题，使无数人得到了身、心、灵的全面提升。

目前，香港妙熏科技集团有限公司经销网点已遍布全国，消费会员已超过100万人，顾客99%的满意度是对妙熏科技最好的嘉勉。

是事业，更是一份传承

中医中药是中国五千年传统文化的瑰宝和精髓，历史悠久，源远流长。

中医中药行业不仅为中华民族的繁荣昌盛做出了不可磨灭的贡献，而且对人类健康和世界文明产生了积极的影响。

中医药文化是中华民族优秀文化的重要组成部分，在几千年理论与实践的发展过程中，不断汲取历代中华文化的精华，形成了人文与生命科学相融合的系统知识体系，不仅升华了中华文化内涵，也形成了鲜明的中医药文化特色。

创业之初，李璐就提出了"弘扬民族中医药草本文化，让中医本草制剂走向世界"的企业目标，致力于"让中医本草为全人类服务"。

李璐始终坚持复兴我国伟大的中医文化为己任。

她的足迹遍布全中国，还经常被邀请到全国各地做大型的科普公益讲座。与此同时，她还走向国际，曾多次到韩国、日本、马来西亚、新加坡、澳大利亚、中国香港等地进修学习国际美容的先进技术，为促进妙熏科技集团走向国际打下了坚实的基础。

中药熏蒸作为中医药的重要组成部分，广泛应用于临床，在防治疾病方面，一直发挥着独特的作用。

随着世界各民族人民交往的日益增多，随着中医丰厚的传统文化进一步被世人认知，中药熏蒸这朵中医药中的奇葩必将在人类自我保养，以及和病痛作斗争的领域内绽放出绚丽的光彩。

对于李璐来说，致力于专注生殖养护一百年不变心，是事业更是一份传承。

屈原在《离骚》中写下路漫漫其修远兮，吾将上下而求索。

让"性"不再难以启齿，让两性健康为更多的人所熟知，让女性更加绽放，复兴我国伟大的中医文化，也许未来的路还很长，但却是李璐这辈子都要坚持做的事。

行业匠人，咫尺匠心。

END

章金顺

30年初心不改,
专注做好"店小二"

章金顺:杭州跨湖楼餐饮有限公司董事长;中国烹饪大师、高级技师;中国国际艺术烹饪大师;杭州工匠;中式烹调师国家级技能竞赛一级裁判员;2019餐饮界功勋人物;2016浙江商业功勋人物;改革开放四十周年杭州餐饮风云企业家;浙江金鼎杯餐饮风云人物;浙江省餐饮协会常务副会长;浙江省浙菜文化研究会会长;杭州市第十届、十一届政协委员;萧山区政协第十二届、十三届政协委员,第十四届政协常委;萧山区工商联副主席;萧山区域经济促进会会长;浙江湘湖旅游度假区餐饮协会会长。

跨湖桥8000年的历史，闪耀着人类文明的曙光。充满野趣静谧的湘湖，星罗棋布地布满了很多特色酒店：湘湖大院、湘湖驿站、古越人家、越风楼、跨湖楼……这里，也有很多光听名字就让人垂涎欲滴的湘湖名菜：老醋凤爪、越王东坡鸡、红汤甲鱼、干菜鳗粽、炖辽参、豆板糕、茶壶蒸糕……

而这些背后都离不开一个人，他就是跨湖楼集团创始人兼董事长章金顺。

创业30年，集众多光环于一身，所获荣誉几乎囊括了厨师界所有的最高荣誉。在高手如林的浙江餐饮圈子里，章金顺绝对称得上是"江湖大佬"，而他自己却常常喜欢以"店小二"自居。

"做餐饮就是做服务，我们所扮演的就是店小二的角色。店小二离顾

图／章金顺

客最近，也最能熟知顾客的需求。"他说。

自1986年踏入餐饮行业起，章金顺已在湘湖"织梦"33年。33年来，章金顺和他的团队把餐饮、酒店、民宿做精、做专，从跨湖桥酒店发展到如今的湘湖小隐，在杭州乃至浙江省餐饮服务业中已是当之无愧的翘楚。

运营管理，他精心设计现代餐饮架构组织，成功开创跨湖楼、西苑海鲜楼、湘湖驿站、湘湖小隐、古越人家、越风楼、湘湖大院、海鲜渔港等8家酒店，并推动企业步入快速发展轨道。

热心公益，他保护母亲湖，扶贫助学，深入西部，彰显企业家的社会责任和政协委员的风采。

梦起湘湖

章金顺的餐饮生涯，要从33年前开始说起。

这还要得益于他的父亲。

章金顺是家中独子，父亲是一名石匠，一心想让儿子有门可以傍身的手艺。学什么呢？泥匠、木匠、石匠、油漆工……似乎都不太合适，父亲思来想去决定让儿子去学厨师。用章金顺父亲的话说，"学厨师多好啊，有好吃的还安全！"

1986年，18岁的章金顺开启了餐饮行业的学徒生涯。

那时候的章金顺，没有什么大的志向和野心，每年年底大家办酒席的时候他可以去挣点外快，就觉得满足了。

一辆自行车，十几里路，无数个清晨与日暮，他在铲勺齐鸣、香味氤氲的后厨重地，选食材、调火候，对葱姜蒜醋调兵遣将，极尽将帅之风。在方寸之间，上演一场烟与火、食与色的江湖梦。从一无所知的楼外楼小学徒到天香楼的小厨师，再到望湖旅馆的主厨和餐饮部经理。章金顺凭借勤劳、好学、诚恳，为他未来一生的餐饮之路奠定了基石。

虽然未满20岁，却相较于许多同龄人来说较早地实现了人生阶段的目标与梦想。他决定，再去闯荡一番。

1988年，怀揣着创业的激情和梦想，他在湘湖桥头开起了首家湖边小餐馆——跨湖桥酒店。当时的湘湖还没有被列为景区，跨湖桥酒店旁边还只是一家砖瓦厂。带着年轻人的闯劲，每天起早贪黑，甚是艰苦。唯一支撑他走下去的，就是晚上关门以后数钱的那点喜悦了，他觉得自己还能继续坚持下去。

章金顺不断研发特色菜品，慢慢地形成了小店所特有的"湘湖菜肴"，生意也随之红火起来。仅仅一年的时间，章金顺就一跃成为当地的万元户。而当时只是一个月平均工资只有30元的年代，"那时候感觉自己超有钱。"章金顺笑着说。

这家跨湖楼酒店也成了他事业上的敲门砖。

1992年，章金顺用自己赚来的一万块钱，在萧山城区开了一家西苑大酒店。酒店开业之初，他每天4点半起床，生煤饼烧水，骑4公里自行车到当时的西门头菜市，只为买到便宜又新鲜的蔬菜。事事亲力亲为，买食材掌勺，开启起早贪黑无限循环模式，酒店独特菜品和贴心服务，在主城区渐渐传开，"西苑"知名度越来越高。

伴随着西苑大酒店的开业，章金顺创建了属于自己的餐饮公司（今跨湖楼餐饮前身），真正开启了规范的餐饮公司化经营。

本以为事业可以再上一层楼之际，一场大火让这个念想变成了泡影。

西苑大酒店开业第一年，因电路老化发生了严重的火灾，西苑大酒店也因此而付诸一炬。

痛定思痛，在朋友的支持与鼓励下，章金顺决定重拾信念东山再起。在酒店修缮的半年时间，他走访名师拜师学艺。

出乎章金顺的意料，重新开张的西苑大酒店生意火爆到"一桌难求"的地步。

筑梦湘湖

拥有8000年跨湖桥文明的湘湖，萧山的母亲湖，有着深厚的历史底蕴。

有人说："游西湖，没有到过楼外楼用餐，就不算真正见识西湖的餐饮文化。"这句话对章金顺触动很大。"作为湘湖人，我们没有这样的骄傲，实属遗憾。"

2017年中国作协全委会委员、湖南省作协副主席何立伟来湘湖后在他的《湘湖原来非湘湖》文章中这样说道："每日里都吃湘湖里打上来的鱼虾蟹，鲜美得不得了。"而在同一时间来湘湖的中国作协主席团委员，鲁迅文学奖得主陈世旭在《湘湖吟》中又说，"杭州有双桥：西湖与湘湖。西湖天下知，湘湖腼腆、羞涩，抑或矜持，隐匿在历史的帷幕后面"。

章金顺觉得，湘湖有她本质的美，但还在帷幕后面，需要我们这一辈人不断努力，去挖掘、去传承、去发扬光大。

对湘湖餐饮文化的钟爱，让章金顺开始着手织筑湘湖边的百年餐饮企业梦。

于是，章金顺有了更高的期待——挖掘创新湘湖名菜，加入萧山元素，创就"湘湖特色"。同时，在跨湖楼首创成立了创新菜工作研究室，开始寻觅湘湖基因之路。"在我的概念中，湘湖名菜需就地取材，而食材应极其讲究。多年来餐饮行业的深入和国内外餐饮的考察，让我对食材有了一种偏执般的高要求。"就这样，钱塘江畔的江鲜、湘湖莼菜、萧山大种鸡等几样特色食材首先进入研究团队视野。

通过翻阅典籍，拜访专业人士，结合自身多年掌厨经验和团队的研究，跨湖楼第一道中国名菜——越王东坡鸡诞生。"这其实是一道带有传承和创新的老菜新做，萧山本是吴越之地，加上湘湖的跨湖桥文化以及与勾践的渊源，越王两字是我首先想到的。"

经过反复的烹饪调试，发现杭州名菜东坡肉和萧山大种鸡鸡肉结合，鸡肉吸取肉中的油脂后更醇香，肉减少油脂后口味避免了传统的油腻。依照时下大众口味，老醋凤爪、红汤甲鱼、干菜鳗粽、湘湖人家炖辽参等湘湖名菜及豆板糕、茶壶蒸糕等湘湖小吃相继诞生。其中"红汤甲鱼"荣获浙江省餐饮博览会金奖、第一届萧山十大名菜。

"到目前为止，跨湖楼的十大名菜，还在不断传承和创新，百年老店的菜品甄选需要一种极致的态度。"

目前，跨湖楼餐饮拥有中国烹饪大师及国际烹饪艺术大师20人，分布在旗下所有酒店，中级职称近80人。

强大的厨师团队，成了菜品高品质和创新研发的"最强大脑"。

烹小鲜如治大国

"店小二"章金顺的工作虽是烹小鲜，但须像治大国一样的谨慎、全神贯注。"我们要让客人们满意而归，又乘兴而来。"

他说："做餐饮要有韧性、有恒心，要专心投入，但不可故步自封；要多出去走走看看，与年轻人的消费观接轨，不断升级经营理念。"

在餐饮统筹管理上，章金顺有着自己独特的做法。

在跨湖楼餐饮集团，章金顺特成立了三大专委会：名厨专委会、服务专委会、财务审计专委会。

名厨专委会在寻找优秀食材，开发新式菜品的同时，还需挖掘，培养好的厨师人才。后厨是另一个江湖，五湖四海的厨师，天南海北的味道，汇聚在一方小小的天地间。章金顺很在意这种"江湖道义"。通过一对一带徒弟的方式使跨湖楼集团的厨师队伍形成梯队。

为了调动员工积极性，通过鼓励机制让所有服务员参加考试从而获得相应的晋升以及薪资待遇，整合所有训练有素的服务大师以备为高规格的饭局服务。

治大国离不开肱股之臣，栋梁之材。章金顺深谋远虑，悟出企业长盛不衰的秘诀，"凝成一股绳，众人一股劲"，本着这个朴素的理念，早在十多年前，当"股权激励"还未在中国企业中流行开来时，章金顺就将部分股权分发给企业高层，通过十多年

图／章金顺

的发展，这种股权激励已经延伸到了企业中层。如今的跨湖楼餐饮集团，可以说每一个管理者都是公司的合伙人。

这也是章金顺管理集团的一大法宝。

他曾跟一个有股份的厨师长开玩笑地说："如果你浪费100元，那么这100元里就有几块钱是你的损失；如果你创收1000元，那么有几十块钱也是你的。"

也因此，跨湖楼集团才会越做越好，团队更加和谐稳定。在这个后厨及服务流动性大的岗位上，跨湖楼可以说是一股清流。

章金顺非常善于学习。一次去深圳的旅游中，他发现有一家酒店专门成立了华为专柜，于是回来以后就立即着手建立了客户档案管理系统，建立客户专群等，将对点服务进行到极致。

也因此，跨湖楼餐饮集团成了华为最佳供应商。

管理以外，是另一个江湖。

用章金顺的话说，一个包厢就是一个江湖。在他看来，做餐饮是有局限性的，挣不了什么大钱。但是做餐饮可以认识很多人，可以交很多的朋友。而这些朋友，是比钱更加珍贵的存在。

"我之所以能够有今天的成就，要感谢我从未离开我厨师的本行。"

生于斯，长于斯，创业于斯，情系于斯

湘湖，萧山人的母亲湖。

一湖碧水，两岸青山，千百年来她承得住风雨，同样也载得起梦想。跨湖楼毗邻湘湖，自1988年创建，至今已有三十年。

作为一位土生土长的湘湖人，章金顺有着浓厚的保护湘湖意识。"我们做餐饮，首先做环保。不解决污水净化、油烟排放等问题，就绝不开新店。如果图一时利益，牺牲了湘湖美丽的环境，那就是湘湖的罪人。"

跨湖楼集团旗下的每一家酒店，都有一条同样的店规：必须像爱护自己的眼睛一样爱护湘湖。在湘湖边每开一家酒店，章金顺首先考虑的都是酒店的排污会不会对湘湖造成影响。经有关部门的帮助指导，餐厅每天排放的污水都经过收集和处理，达到环保部门规定的排放标准，才排入城市污水管网系统。

在章金顺看来，一个景区的良好发展，必然是餐饮先行。湘湖每年有30万人次的游客量，为了给游客提供便利，跨湖楼特定制定了20分钟交通圈。"不论游客在湘湖的哪个角落，只要给我们打个电话，我们20分钟之内绝对赶到接他们。"

未来，他不仅要打造湘湖边的"楼外楼"，更要让此地发展为网红拍照打卡地，成为一个地标性的存在。

达则兼济天下。

章金顺也无时无刻不发挥着自身的优势来履行社会责任，慈善总会捐款历年累计200万元。

1997—1998年，国家改制那段时间，跨湖楼优先招聘下岗职工。30年来跨湖楼餐饮集团累计为千余下岗失业人员安排就业岗位，2012—2015年分别资助患病酒店员工累计18余万元，2012—2016年资助淳安失学学生四年学杂费物资及生活费十余万元，2014年资助宁夏贺兰中学5名因家庭困难面临辍学的学生从初中到高中全部学杂费25万元，2014—2018年累计为萧山欠发达的乡村萧山河上、进化、义桥、楼塔捐助30万元……

30年风雨

这里接待过越剧最高奖项梅花奖获得者，接待过无数政要以及社会各阶层知名人士：马云、王菲、李亚鹏、朱婷……

30年的沉浮，30年的坚守，章金顺用他的专注、极致、匠心书写着跨湖楼餐饮的传承与创新。对他而言，继续坚守他喜爱了30年的餐饮行业依然是后半生的大事——追求美食的匠心和极致，认真、精进，每天向极致靠近一点点，让跨湖楼餐饮在世纪风云中不断沉淀。

佛家有云，双手合十，乃是将十万力量凝聚，制心一处，无事不成。心系一处，无事不成。这，就是匠心。

安心坚持自己的事情，不争不抢。沉默慢热的性格也好，专心细心地做事也好，不会因为外界而动摇自己的初心，安心地做好每一道菜，认真对待每一个人。

浮躁的世界，静心做事的人才是最值得赞扬的与众不同。

END

潘金沪

致力于传统零售行业的技术革新

潘金沪：台州泓阳旅游集团有限公司董事长，杭州便利狗智能科技有限公司董事长，台州高麦影视制作有限公司，台州汉宗网文化传播有限公司董事长，世界潘氏研究会副会长，北京亚太经济合作促进会副会长，浙江省浙商经济发展理事会主席团副主席，2017年度全球商界领军人物，台州市仙居县中小企业创新协会副会长，台州市仙居爱心助老协会副会长，台州市仙居猎鹰救援队总顾问，台州市仙居县下各镇乡贤联谊会常务副会长。

便利狗24H智能超市内墙上写着：深夜便利店就是那种全世界都不在乎你，可它却依旧为你亮着灯的地方。

这种传递出来的温情，也正是潘金泸创办便利狗24H智能超市的初衷。

印象中的便利店，曾是潘金泸年少时期的一种情感寄托。那个在孤独的夜晚中亮着一处光，似乎是他和那个陌生城市的唯一一点关联了。

潘金泸的家乡，有很多人在外地开超市。他们要一直守在那个地方，甚至逢年过节都不能回家。把人从被禁锢的时间与空间中解脱出来，是潘金泸一直想做并且努力在做的事情。

怀着这样的目标，潘金泸努力了3年的时间。

2019年，便利狗24H智能超市应运而生。

"我们致力于人工智能帮扶传统零售转型升级，矢志不渝。"是便利狗的愿景和不断前行的使命。

困境中的倔强生长

天将降大任于斯人也，必先苦其心志，劳其筋骨，饿其体肤，空乏其身，行拂乱其所为，所以动心忍性，曾益其所不能。似乎每个成功人士的背后，都有一段难以诉说的苦难时光。

跨过去，就是成长。

潘金泸生长在浙江台州一个普通的农民家庭，家里五个孩子他排行老三。原本并不富裕的家庭却因父亲染上重病而雪上加霜，在潘金泸十多岁时父亲不幸去世，家里的重担都压在了母亲一个人身上。

潘金泸是个懂事的孩子。18岁那年，他只身一人离开家乡来到辽宁，一边打工一边上学。与此同时，在辽宁待了7年之久的潘金泸也积累了不少的人脉。

20世纪90年代，改革开放带来了经济的快速发展，服装产业也开始紧跟国际潮流，演绎了中国的都市时尚。90年代初，一句带有自嘲性质的顺口溜家喻户晓：不管多大官，都穿夹克衫；不管多大肚，都穿健美裤。健美裤可以说是那时候中国最疯狂的裤型。

1993年，潘金泸看到这个巨大的市场，回到家乡向银行贷款开了一家服装厂，专一生产健美裤。

然而，潘金泸没有想到的是第一次创业就遭遇了滑铁卢。

整整两大卡车价值30万元的健美裤仅仅只收到了3万元的预付款，尾款迟迟没有到账。原本就因为贷款才得以运行的服装厂不得不关门。

潘金泸并不是一个会服输的人。

他的聪明之处就在于，善于审时度势。

90年代初，昆明市政府提出退街入市，还道于民的政策，以批发为主的外地经营户迁入了螺蛳湾。那时的螺蛳湾商贾云集、万物荟萃，是云南最大的日用品批发市场。也因此成就了不少人久远的梦，不少个体户们携着"万元户"的牌子，提着 "第一桶金"从这里扬起风帆驶向幸福的港湾。

潘金泸正是这批外地经营户中的一员。

让潘金泸始料未及的是，上天对其的考验还远远没有结束。他用于生产服装的机器设备，在一夜之间被洗劫一空。在这里赚到自己"第一桶金"的愿望又破灭了。

后来，他创办过自己的水电安装公司，做过项目工程。就像上天在跟他开玩笑似的，他始终没有获得真正意义上的成功，还为此负债累累。工程款因为对方出事故收不到钱，在山东待了两年多亏损1000多万元。

对于潘金泸来说，即便是跌落谷底也要有破釜沉舟的勇气。他坦言，如果不是当时亏损了那么多钱，可能也不会有如今的成就。

"我亏了多少肯定要想办法挣回来更多，不然亏那么多钱是几辈子也还不完的。"

正因为亏损才激发了自己奋斗的毅力。他说："如果你一直处在一个比较安逸的状态里，安逸的生活过惯了就不想去奋斗了。没有奋斗就不会有更高的成就，所以亏损未必就是一件坏事。"

潘金泸始终认为，所谓的舍得，就是有舍才有得。经历过的事情多了，钱没了至少人脉还在，而这些人脉就是你东山再起的资本。

顺境中野蛮生长

2012年，潘金泸和朋友一起投资建设太阳能光伏发电站。

自此开始了自己人生事业上的一路高歌。

30多年的创业历程，他先后创立了台州泓阳旅游集团有限公司、台州高麦影视制作有限公司、台州汉宗网文化传播有限公司等国内知名企业，集团业务涉及旅游、环保、房地产开发、影视拍摄制作以及网络科技研发等领域。

在野蛮式生长期间，潘金泸将自己的事业伸向了更广阔的空间。

21世纪以来，人工智能快速发展并掀起了"无人超市"的热潮。随着无人超市概念的兴起，无论是来自西方的AmazonGo；还是马云开设的"淘咖啡"都在往这个方向发展。此外，京东CEO刘强东也正式宣布，将在全国开设50万家京东便利店及大量京东无人超市，由此可以预见，世界各地的知名电商已经将战线由网络扩张至实体店面，而无人超市则是开拓新时代销售模式的试点。

据中国电子商务研究中心检测数据显示，未来5年，无人零售将迎来发展红利期，到2022年市场交易额将超2万亿元，用户规模可达2.45亿人次。

以数字化、智能化、O2O为核心的无人便利店（超市）将引领传统零售行业步入下一站。

另一方面，权威报告显示，2016年中国便利店市场规模超过1300亿元，整体行业将进入一个快速发展期。传统意义上的小超市、小卖部、便利店，虽然市场空间广，但是传统零售整体发展已经受到快速增长运营成本的制约。

传统零售店里的商品大多是店主自己采购，没有渠道，价格压不下来；再加上人力成本高、租金一直涨，利润空间越来越小。并且大多数店主对于店铺的经营也没有整体的长远规划，店面装修上也不太符合现代大多数年轻人的口味，市场竞争力相对较弱。

况且，他们要一直守在那个地方，甚至逢年过节都不能回家。把人从被禁锢的时间与空间中解脱出来，是潘金泸一直想做并且在努力做的事情。

2016年10月，马云在阿里的云栖大会上第一次提出了"新零售"这个新名词。潘金泸意识到，机会来了。

潘金泸和他的团队先后去北京、上海、广州等各大城市进行市场调研，以及前往阿里、京东的无人便利店考察新零售发展的最前沿，同时也探讨传统社区小超市的发展瓶颈；组建技术团队进行软件开发，先后获得19项软件著作权。

经过三年时间的打磨，2019年3月，潘金泸注册成立杭州便利狗智能科技有限公司，正式进军新零售智能超市领域。

24H智能超市：一刻钟便民生活服务圈

中华人民共和国商务部办公厅《关于推动便利店品牌化连锁化发展的工作通知》中指出，近年来，我国品牌连锁便利店加快发展，增速连续多年位居零售业态前列，但仍存在品牌连锁门店总量不足、布局不合理、服务功能不完善、经营能力不强等问题。推动便利店品牌化连锁化发展，有利于提高消费便利性、提升消费品质、激发消费潜力，是一项重要的民生工程。

图／潘金泸（右）

便利狗24H智能超市一方面是顺应时代的发展，节约人工成本提升营业额，另一方面是给予这个时代足够的温情。

便利狗24H智能超市采用自助结算、无人值守的形式。购物仅需4步：刷脸进店-自主选购-自助结算-检测离店，最快十几秒就能完成整个购物流程。

顾客结账时，只需要把选购的商品放在自助收银台上，点击屏幕上的结算按钮，扫描付款二维码就能结账。全天24小时，全年365天均可营业，释放劳动力的同时带动便利店整体营业额的提升。

并且投放场景广泛，可应用于城市综合体、商圈、步行街、社区、学校、医院、酒店、地铁站、机场、高铁站、码头、高速服务区、体育馆、电影院等。

与此同时，便利狗还拥有强大的供应链支持，厂方直供的第一手货源，在价格上有较大的优势。在食品安全方面，食品近过期时间后台有过期预警，便利狗的工作人员就会及时下架。还可以做到产品的溯源，用户只需要扫一扫包装上的二维码即可了解产品信息。

便利狗开发提升了人脸识别、扫码识别支付、RFID技术，保障网络安全运行的同时，保障了顾客们的信息安全。便利狗还拥有顶尖的视控及声控中心，24小时实现无死角的智能监控，为安全经营保驾护航。

根据店址场景的不同，每个便利店的产品会按照场景进行铺货。并根据大数据分析商品流量，更大限度的发挥每个产品的价值。

目前，便利狗24H智能超市已签约50多家。

2019年8月15日，杭州便利狗智能科技有限公司与杭州高速公路综合服务有限公司达成合作意向。

此次战略合作意向包括浙江沿海高速公路服务区的智能便利店项目。

以杭州作为起点逐步扩展至全国，响应国家号召真正打造一刻钟便民生活服务圈，是潘金泸不断前行的目标。"我们最终的目的还是为了方便市民、方便老百姓的生活。"

潘金泸表示，"现在很多年轻人加班加到很晚，但是不论多晚，我的便利店就在这里，24小时灯火通明"。这也算是给每个城市中那些努力生活的人一种慰藉。

慈善公益，从未间断

潘金泸热衷公益事业，以企业回报社会为己任。

2017年，潘金泸成立了高麦影视制作有限公司，投资300万元拍摄了一部公益电影——《巅峰战士》。这部片子以浙江省红十字（仙居）应急救援队为原型，讲述了他们的救援故事，是中国首部救援题材公益电影。

几年来，搜救队为仙居及浙江省各地无偿承担救灾和救援保障等志愿活动208次，解救生命315人，服务10000多人次，累计服务时间超过70000小时。

"要让更多的人知道他们，我们的目的是宣传正能量，这个社会也需要正能量。"

除此之外，潘金泸还赞助了两辆救援车给仙居猎鹰救援队；赞助了2018年由浙江省红十字组织的全省17支队伍的应急救援演练。

在潘金泸看来，企业名誉比利益更重要。

他说："你做的事情决定别人怎么看待你这个企业，别人认可你，也是对你企业的一种认可。其实我们不必只看到眼前的利益，除了那些眼前的利益，背后还有更多值得我们去做的事情。"

也正是源于这个信念，潘金泸每年都会资助贫困大学生、留守儿童等。

公益这条路上，他始终在坚持。

六年前，仙居县红十字会介绍给他一名患病儿童，这个孩子得了一种类似于白血病的疾病，天然免疫力低下，每天只能靠药物来维持生命。潘金泸从那时候开始捐助他，每个月都要给他付医药费，去年开始有几个月甚至每月要花费两万多元。

潘金泸说："花多少钱都得救，一旦断药可能生命就没有了。他读书很好的，每月只上学半个月却依然是班级里的第一名，这种孩子将是对社会有用的人，以后肯定是会有大作为的。"

聊起这个孩子，潘金泸的目光更加柔和了些，像是触动了心底最柔软的那根弦。他欣慰地说，现在那个被捐助的孩子已经16岁了。

我们知道的是潘金泸热心公益事业。而我们不知道的是，多年来，潘金泸对公益事业从未间断并依然会逐年递增。

他从困境中逆流而上完成成长、蜕变，于顺境中顺势而为一路且歌且行。

END

何勇剑

从猪肉少年郎到
食材配送行业标兵

何勇剑：杭州绿霸食品有限公司创始人。

"自我设限行为，虽然大大削减了自身能力不足带来的挫败感，但同时也将自己成功的机会剥离得寥寥无几。真正阻止我们前进的，不是能力不足、不是环境严峻，而是我们自我设限的内心。"

从卖猪肉的小摊贩到得到大家认可并与多家知名企业合作的杭州绿霸食品有限公司董事长，这条路，何勇剑走了19年。

19年，在一步步地试错中，站稳脚跟，继续向前。

自2009年创立杭州绿霸食品有限公司，现已逐步发展成集肉类、蔬菜类、调味品类、粮油类等全品项绿色、安全的B2B生鲜配送企业。不仅仅积累了大量的企业单位、酒店等，并逐步发展到中小学幼

图／何勇剑

儿园等国家机关事业单位的配送。现已成功中标并提供服务的有余杭区中小学幼儿园、浙江省拱宸戒毒所、杭州市西郊监狱等机关事业单位。

何勇剑用自己的实际行动证明，从来不给自己找借口，也从来不给自己的人生设限，才能探究人生的无限可能。

18岁，入世

"交易而退，各得其所"，中国最古老的文献之一《易经》已经显示了集市这一商业形态的悠久历史和其存在的本质。历史上，集市的存在不仅满足了人们的消费需求，还促进了城市的产生。

20世纪90年代，在街边上就可以看见卖猪肉的大哥很卖力地在拉客人，洪亮的吆喝声、粘板上新鲜的猪肉、穿着皮围裙站在猪肉摊后的卖肉大哥……是何勇剑同代人的回忆。

那时候的菜市场，亲切、热闹、有趣、温馨。在一众摊位前挑选出自己认为最好的，摊主手起刀落切下一块肉装好，买菜的拿回家做成美味佳肴。那时候的猪肉，大多都是自家养自己屠宰的，有些肉上可能还带着些未洗干净的血水。

对于那个年代的人来说，老菜市场不只是买菜的地方，它记录的是一种生活方式，承载着几代人的记忆，象征着属于那个年代的市井文化。

90年代杭州龙翔桥的一个菜市场，有个摊位上总是有一个十几岁模样的少年，他动作娴熟地帮客人切肉、装肉、找钱，笑嘻嘻地跟大家打招呼。不少熟人来菜市场都直奔他的摊位，时间久了，熟客的爱好他烂熟于心。他知道谁喜欢吃瘦肉、谁喜欢吃肥的、谁喜欢买几块排骨回去炖汤……

18岁的何勇剑，就这样闯入了菜市场这片猪肉江湖里。

这一晃，就是25年。

他也从当初那个菜市场上的青涩少年成长为绿霸食品的董事长。

22岁，自立门户

随着经济的快速发展，商场陆续出现，超市逐渐取代农贸市场成为城市居民食物购买的主要来源之一。在消费升级的热潮下，一线城市近年又逐渐出现高端生鲜超市、生态农夫市集等新形式。

那时候，不仅仅是菜市场被大型超市所取代，酒店也开始变得大众化。"十一五"期间，随着工业化水平的不断提高，物流业呈平稳较快增长。从2005年至2009年，物流业增加值快速增长，食材配送行业也随之而渐渐兴起。

2009年，22岁的何勇剑，已经在猪肉这一行业历练了4年之久。面对环境的变革，与其被时代所取代倒不如去引领时代。同年，他创办了自己的公司——杭州绿霸食品有限公司，开始了猪肉的配送业务。

起初公司只有三名员工，配送车还不是现在的冷链配送，一辆面包车就是他们的运输工具了。

何勇剑认为，不管买菜的场所如何不断升级，人们最关心的，仍是食材的质量问题。为了保证猪肉的质量安全，他开始寻找大型的上游企业，如：正大集团、雨润等作为自己的上游供货商。

坚持做"放心肉"是何勇剑一直执着追求的初衷。

餐饮食材流通是一个每年超过4万亿的市场，伴随着城市化的进程，餐饮行业的放量增长还在不断放大。

那个时候，食材配送行业刚刚兴起，没有什么成功经验可以借鉴，何勇剑只能自己一步步地试错，"摸着石头过河"。建立食材配送车间的时候，没有可参考的模板，他只能自己摸索，改良了3次才终于成功。不少后来新建的食材配送公司都来他这里汲取经验。他笑说，自己没少给别人铺路。

2010年，公司成立的第二年他便接下了自己的第一个大单：知名餐饮店中华老字号品牌——天香楼。拿下这个竞标的那天，何勇剑暗下决心，一定要得到越来越多的认可。

19年，继续向前

天香楼，只是一个开始。

后来，何勇剑又陆陆续续地拿下了网易、阿里巴巴等知名互联网公司的配送业务。从第一年签合同起，已经续签了好几年，至今已经合作了四五年。除此之外，外婆家、知味观等杭州知名餐饮店也是其合作客户。

而这离不开他对于食品安全的重视以及信用至上的原则。因为从小师傅教给他最多的，除了为人处世的技巧，更多的是要保持一颗感恩的心。感恩别人对你的信任，做个实在的生意人。

他的实在，是切切实实地解决客户的真实需要。

在消费升级的大时代下，消费者的需求早已不再是纯粹的被动接受，而是由被动接受向主动猎奇，向追求品质化、个性化转变。绿霸创新生鲜配送的B2B模式，借助于互联网把用户对生鲜产品的需求定制化，满足消费者个性化需求，不仅降低了成本，更解决了客户的生鲜定制化采购问题。

在食品安全方面，建设专业化的冷库，采用冷藏、冷冻技术及保鲜设备，减少农产品在储运过程中的损耗，保障食材的质量和食品安全。

食品从业人员定期体检，体检合格后方可上岗工作；每天有专人验收食品原材料并进行索证索票；按要求执行食品加工操作流程；每天严格消毒配送设备。

不仅如此，建立专一的实验室，进行食品留样、对食材进行检测等。

食材安全速测设备可以进行食材药物含量检测、食材异物混入检测、其他食材污染检测、食材转基因检测、食材成分检测等，还可以进行土壤、化肥、农药、兽药残留污染检测，含量过程控制，异物混入金属等探测。

建立农产品溯源系统，真正做到"来源可查、去向可追、责任可究"，全面落实从"田间到舌尖"的流程品控溯源。

为了更好地服务客户，他还特地建立了专一的应急处理方案以及投诉机制。

不仅要做到食材可溯源，还要有完善的应急制度时刻准备应对突发情况。在绿霸，永远都有备用司机24小时待命。

他觉得，投诉机制既是为了方便快速为客户解决问题，更是为了提高公司的整体能力。"说白了我们就是服务行业，服务行业的精髓是什么？当然是客户至上。"有问题及时解决并且避免类似的事情再发生，也是促使绿霸进步的一种机制。

现在的绿霸，合作单位也不仅仅局限于酒楼、企业等，已扩展到政府等机关事业单位、学校等，航空公司也开始与之洽谈合作。

顺应发展，不断创新

杭州是一个多元化发展的城市，天南地北的人在这里汇聚。中华文化博大精深，每个地方都有自己的方言特色，这也导致了同一样东西，不同地域的人有不同的叫法。

为此，绿霸的配菜员们没少出错，每次配菜的时候都差错频出。

"比如说肘子，南北方有不同的叫法，南方叫蹄髈，北方叫肘子。类似这样的还有很多。"

随着订单量越来越多，为了提高工作效率减少差错率，如何根据全国各地的叫法自动生成一种大家所熟知的本地化叫法成了何勇剑必须要解决的一个问题。

思来想去，何勇剑决定找来技术团队研发一款输入物品名称便可以自动转化成统一标准品名的系统。

要把所有菜品在全国各地的不同叫法全部收集起来，再进行分类整理，单是收集数据，就用了整整一年的时间。

这一举措在整个配送行业，属于首创。

"人总是要变的，哪怕只是前进一点点。时代在不断地进步，我们也要与时俱进。"

目前，该系统已经在试用阶段了。

在外人看来，何勇剑是一个"老好人"。他性格温和，几乎从来不发脾气。但是若涉及违背职业道德的事情，他从来都是严厉的。

他始终坚持"顾客永远都是对的"这一理念，并以此来严加要求员工。

　　何勇剑喜欢偶尔放空自己，去读一些书籍，去欣赏书法，他觉得文字有一种神奇的力量，可以在他急躁的时候抚平他的心，让他可以慢下来去思考一些东西。他天生有着一种冒险的精神，坚持做自己认为正确的事情，不管前方是坎坷还是坦途，都将义无反顾。

　　未来的绿霸在他的带领下也必将越来越好。

END

申屠银洪

用一片匠心
绽放一缕药香

申屠银洪：桐君中医药文化博物馆馆长，桐庐县十大青年英才，2016年荣获"中华老字号杰出工匠奖"称号，2017年10月被评为首批"桐庐工匠"，2018年4月被评为第二批"杭州工匠"，2018年被评为第五批浙江省非物质文化遗产"桐君中药文化"代表性传承人，2018年荣获"中国改革开放四十年·中医药文化传承贡献人物"称号，2019年被评为杭州市劳动模范，2019年被特聘为浙江中医药大学中药学专业"远志班"导师。

　　相传遥远的黄帝时代，一位老人来到富春江畔，在一片桐树下结庐采药，治病救人。有人问其姓名，他笑而不语，只是指指身边的桐树。后人怀念这位悬壶济世、不留姓名的老人，便尊称他为"桐君"，将其结庐采药的地方称为"桐庐"。

　　以桐为姓以庐为名，世世代代是隐君，夺得一江风月处，至今不许别人分。一折青山一扇屏，一湾江水一条琴，无声诗和有声画，须在桐庐江上寻。

　　自幼就深受桐君精神影响的申屠银洪，一直将桐君视为自己的偶像，并且在追逐偶像的道路上越走越宽。他不仅弘扬了桐君文化，还创办了桐君中医药文化博物馆，将桐君中医药文化践行到底。

耐得住寂寞，才能守得云开见月明

　　曾经在交通不发达的时候，桐庐人出行只有靠钱塘江、富春江上的渡船，唯一的出行点就是桐君山对面的一个码头。那时，当渡船离开码头慢慢地向远方驶离的时候，桐庐人都会驻足远望桐君山，直至在视线中远去。

"桐君"对于桐庐人来说是一种情怀，更是一种精神。

1985年，申屠银洪考上宁波商业学校的中药专业，一下子拉近了他和桐君的关系，从此再也没有分开过。

当时社会上中药人才稀缺，毕业那年，宁波、绍兴等地一些大型中药公司热情地向其伸出了"橄榄枝"，却都被他拒绝，最后选择桐庐县医药药材有限公司，成了一名中药仓库保管员。他开玩笑似的说："我是桐庐人，看不见桐君山要哭的。"

药材仓库是个"大课堂"，看似简单却蕴藏着很大的学问。要想成为一名合格的药工，就得从最基础的做起。正所谓实践出真知，中药材在仓储过程中，常因为温度、湿度、空气、环境的变化而引起发霉、发潮、虫蛀等现象，从而影响药材的质量和疗效。

这种情况让申屠银洪困惑不已，如何才能更好地解决这类难题呢？为此他埋头研究，几经试验，最终研究出了不少解决药材变质的"土办法"。比如蛇干容易遭虫蛀，如果把花椒与蛇干放一起，虫子便不敢问津；枸杞子容易变色泛油，只要"给低温"这种现象就会消失……他还特地撰写了一篇题为《关于解决枸杞子变色泛油的问题》的论文，不仅在杭州市医药行业成果发布会上发表，更在业界引起了不小的反响，此举更是填补了杭州市商业企业科技论文发表的空白。

1990年，表现出色的申屠银洪被公司派去当了一名地产药材收购员。桐庐地产药材有300多种，每一种生长季节和收购季节都不同。那时，申屠银洪跟着师傅跑遍了全县的36个乡镇供销社，深入到老职工、老药农家中，了解县内地产药材产地分布、产量，以及不同季节生长情况，并适时发动老百姓上山采集。

每年10月到春节前，是收购中草药的黄金季节，他常常住在三县交界处的岭源洪坪、黄山等村庄里收购中草药，一个月只能回县城休息一天。四年中，收购中草药无数，也收获药材知识无数。

1993年，申屠银洪被调回公司中药加工部，成为厂里最年轻的药工。他认真跟着老药工悉心学习切、炒、蒸、煮、洗、泡等诸多传统中药炮制技术。在师傅的悉心带教以及自己的苦心学习下，终于掌握了中药炮制技术的精髓。

敢想敢为创佳绩

2001年，申屠银洪开始全面负责公司中药部门工作。

面对"厂子小，家底薄"的现状，申屠银洪深切地明白"守摊子"是没有出路的，企业要赢得生存和发展，必须敢想敢为、创新创业。在公司领导的支持下，申屠银洪做了两个重大的改变：一是走品牌战略之路，注册了药祖桐君图文商标；二是走规模发展之路，抓住机遇扩大生产规模。

2004年，桐庐县医药药材有限公司开始规划建设新厂区，生产规模扩增了十倍，同时成立了企业营销部。在面对没有经验、没有人脉、没有拳头产品，没有企业知名度的情形下，申屠银洪硬着头皮"闯市场"。

机遇，总是青睐有准备的人。

图 / 桐君堂总部全景

　　当时"非典"病毒肆虐大地，一些被证明有预防作用的中药饮片，一夜之间成为各大医院的"香饽饽"，许多中药饮片厂趁机坐地起价。然而，面对"发财机会"他却不为所动，对省内外各大医院郑重宣布：桐庐药品确保供货，质量不变，价格不变。

　　也正因此，桐庐中药饮片厂赢得了社会的赞许，为自己打开了市场的大门。

　　2006年，"桐君堂"商号正式命名，并注册了"药祖桐君"牌商标。2015年，正式更名为浙江桐君堂中药饮片有限公司。

　　经过十多年的发展，目前桐君堂已经创建了两个"全国第一"：落地面积14亩，建筑面积23000平方米的全国最大面积的单体车间；面积近7000平方米、国内第一家以全开放、全透明、全监控为理念的"阳光煎药中心"，并建立一个面积超过2400平方米的中药检验中心。目前已有国家授权发明专利"全自动中药停顿式输送切割机"一项，实用新型专利"火焰式中药烘炒机""草本类中药切割机""中药停顿试输送切割机"等10项。

　　申屠银洪认为，药品质量管理要从源头上控制。他不仅坚持原产地采购，还在全国各地共建共享50多个中药材规范化种植养殖基地，品种超过

100个，基地面积达100万余亩，成为国内首批9家中药材生产企业的代表，率先签订和实施无硫、无黄曲霉素、无高毒农药以及全程可追溯系统。

弘扬传统，把根留住

1989年，适逢桐庐举办第一届华夏中药节。刚刚毕业两年的申屠银洪还只是一个毛头小伙子，在当时热闹的节庆中，申屠银洪却感觉作为药祖圣地的桐君故里，缺少了亘古悠久灿烂的桐君中药文化的元素，场景，园地，氛围等。

从那时起，申屠银洪就在心里面暗暗地种下了一个梦想。

22年后，这个梦想终于落地了。

2012年，以桐君中医药文化为主题的桐君中医药文化博物馆正式建立。其中有古药铺、古药街、桐君中医药文化实物、古旧书籍、古炮制煎煮等用品用具、中药材标本样品、红曲生产工艺的古貌复原场景等八大块内容。集中展示了药祖圣地桐君中药文化，更是世人领略中医药文化博大精深的文化园地。

但大家不知道的是，这座所谓的博物馆，还是桐君堂在厂房非常紧张的情况下硬腾出来的。博物馆里面的展品，全部是这20多年来"东拼西凑"来的。有桐君堂历代传下来的，也有一些老药工捐赠的，更多的是申屠银洪在全国各地淘来的。

那时，他只要到省外去，古玩城是他必去的地方。老药店留下来的东西在古玩城属于小杂件，他就耐下心来慢慢地找。

短短几年，来自全国各地的普通百姓、在校学生，以及海外嘉宾等十多万人次参观过博物馆，国家中医药管理局原部长王国强在浙江考察中医药工作时，莅临桐君中医药文化博物馆指导。申屠银洪对王部长说："参观这个博物馆，您也许会失望，因为它是那么的简陋，一点儿也不高大上。但您一定会感动，因为在这个县城里还有一群如此热爱和痴迷中医药的从业者，几十年如一日的坚守。"王部长在参观后大加赞赏："一家地方民营企业博物馆拥有如此丰富的藏品和敬业的精神，在国内实属少见。"

目前，桐君中药文化是浙江省非物质文化遗产保护项目，2019年也成为国家级非物质文化遗产候选项目。

在继承中创新

近年来，桐君堂进行了以红曲、百药煎、六神曲、胆南星、建曲、淡豆豉等为代表的发酵中药工艺创新，很多指标系数成了浙江省的质量标准和炮制工艺。

申屠银洪的论文《现代发酵技术在提高红曲饮片质量中的应用》在2016年浙江省中药饮片传统方法与现代技术应用研讨会上荣获"优秀论文奖"。申屠银洪以副主编的身份，参与了普通高等教育"十一五"国家级规划教材《天然药物学》的编辑。

2014年，申屠银洪创设并力推的"桐君堂"杯中药材（中药饮片）真伪鉴别全国大赛，已成功举办了三届，成为此类活动全国规模最大的品牌赛事，为全国中药饮片的安全与有效保障和医疗机构中药饮片质控人员学习提供了很好的平台,被赞为利在当代,功在千秋的好事。此项两年一届的国字号大赛在国内饮片行业影响巨大,已由中国中药协会授权永久性落户药祖圣地——桐庐。

2015年,以申屠银洪领衔创立的中药炮制技能大师工作室,主要从事中药炮制的培训,中药饮片产品的研发、生产。三年来,不定期免费举办中药养生讲座、开展中药文化交流,开办古法中药炮制学习班,传承传统桐君文化。

为让流传千年的中药古法炮制技术代代相传,2016年5月,申屠银洪还筹划创立了"桐君堂古法炮制传承班"并任班主任。为使学员们掌握古法炮制的精髓,除了聘请本公司退休老药工王良春担任传承班老师外,还聘请"方

图 / 申屠银洪现身教学

回春堂"国家级非遗名录传统膏方制作传承人阿牛师傅的嫡徒刘瑞龙，建德市86岁高龄的诸葛开荣，69岁的邵亚光担任学员们的辅导老师，向学员传授中药炮制的绝活绝技。

传承班每次上课前，都会在桐君人像前点香烛，行叩拜礼。

由申屠银洪领读其亲自作词的《祭桐君先生誓文》："桐君先生，国之药祖，吾之神明，始于亘古，良药济民，为世悬壶……"通过不断学习，学员们不但初步掌握切、蒸、泡、灸和丸等古法炮制技术，更潜心领会了药祖桐君"悬壶为世人，良药济苍生"的精神理念。

申屠银洪说："古法炮制技术，是老祖宗留给我们的宝贝，我希望能通过这些高学历、高素质的年轻人传承下去，我们不能把老祖宗的东西给弄丢了。"

因为热爱，始终执着

2018年，申屠银洪被评为"杭州工匠"，别人问得最多的是你怎么坚持下来的，是如何苦苦坚守30多年的？毕竟当初申屠银洪所在的那个班，47名同学现在坚持下来做中药的只有3位。

申屠银洪每次都会纠正大家：我不是苦苦坚守也不是煎熬，我是因为热爱所以乐在其中。"这种热爱不是嘴上说说而已的，当你把这种热爱根植于心间流淌在你的血液中的时候，你是无怨无悔的。"

在申屠银洪看来，古法炮制的精神就是要耐得住寂寞，守得住初心。每逢有年轻人选择中药专业进入桐君堂的时候，申屠银洪都会跟他长谈一次。"我要知道他们是因为热爱它还是受专业所迫？我希望他们选择了这条路，就要耐得住寂寞。"

申屠银洪觉得，中药是慢火熬的，急功近利是不可能的。

一旦选择中药这个专业的时候，就得摒弃急功近利升官发财的想法，如果抱着别的想法去做中药，心里是很不甘心的，这样也是无法长久的，做不出好药来的。

一颗药丸的制作，将原药材打磨成细粉，由细粉到细珠，需要药工不间断的8个小时的摇晃才能做好这颗药丸。寸长的白芍，在药工们手里瞬间被切成200片，片片薄如蝉衣，形如飘羽。九蒸九制的熟地黄，黑如漆，甘如饴。

中药业者是一门苦行当，没有长年累月的付出，是难有作为的。不在寂寞中爆发，就在寂寞中灭亡，熬不过去就会望而却步。

申屠银洪认为，世界上的四大文明古国，只有中华文明生生不息代代相传，中国的中医药在中华民族的发展繁衍过程中起到了一种不可磨灭的重要作用。

"我们中医药最好的一点在于，它可以预防疾病，这是西方医学所不能达到的，也是任何一个国家都无法超越的。"在治疗"未病"方面，中医药是独一无二的。

党的十八届五中全会作出"推进健康中国建设"的战略决策。国务院《关于促进健康服务业发展的若干意见》提出到2020年，健康服务业总规模达到8万亿元以上，医疗卫生健康重点从治疗转为预防为主，中医药将会发挥其巨大的作用。

申屠银洪将中医药行业称为"古老的朝阳行业"，它的时间很古老，但是现在以及未来将会散发出勃勃生机。

在申屠银洪看来，在这个浮躁的世界中静下来，是一种无比重要的财富。当所有人都可以静下心来做一件事的时候，这个民族一定是有希望的。

对中医药怀着一种热爱，一种敬畏之情，才能成为一名合格的药工，做出好药。

三十年来，申屠银洪以树皮草根为伴，与金石草木为伍，为弘扬桐君文化，使桐君堂成为"中药老字号"殚精竭虑，身上彰显的正是大国工匠的品质。而他的人生恰如那些"熬"出来的中药——"苦中有甘"。

申屠银洪经常说，"此生我做不了良相，也成不了良医，但我有幸可以做良药"。"做好人，做好事，做好药"蕴含的正是桐君堂的核心价值观。

让中医药走出国门，走向世界，让世界爱上中国制造是申屠银洪的未来愿景。"但前提是，你得做最好的自己。"他说。

END

杨姣英

70岁老太
肩扛猪肉闯出一片天

杨娇英：杭州杨大妈农副产品配送有限公司董事长，杭州市诸暨商会余杭商会副会长，浙江省肉类协会理事，浙江省企业家理事会执行理事长，G20维稳安保工作先进个人等。

20世纪80年代中期，杭州文二路附近老一辈的杭州人一定都还记得，在农贸市场的猪肉摊，有一个总是满脸笑盈盈的姑娘每天都雷打不动的在那里卖猪肉，她家的猪肉在市场上是出了名的好品质。她的摊位前面，向来是人来人往络绎不绝。

转眼几十年过去了，当初那个卖猪肉的姑娘在杭州可谓是无人不知无人不晓。

如今，大家都亲切地喊她"杨大妈"。也许你不知道杨姣英，但是提起"杨大妈"你一定会会心一笑，说句："哦，她家的猪肉我吃过。"

图／杨姣英

从70年代末肩扛猪肉闯天下，到1997年正式进军猪肉配送业，再到后来成立杭州杨大妈农副产品配送有限公司，年产值过亿元。时至今日，从这里走出的冷鲜肉被运送到杭城各地，成为市民百姓餐桌上最安全的美食。

她的创业路上充满坎坷却也硕果累累：G20峰会唯一猪肉指定供应商；2017年被选为第十三届全国学生运动会指定猪肉供应商；2018年被双汇集团评为十大优秀经销商；浙江省AAA级守合同重信用企业；同年荣获第十二届浙商女杰·行业领军奖；2019年荣获浙江省企业家理事会执行理事长单位……这位从改革开放一路走来的女企业家，走出了一条不寻常的创业路，也抒写了人生别样的精彩年华。

用奋斗抒写青春韶华

杨姣英出生于20世纪50年代浙江诸暨草塔镇一个普通农民家庭，以养牛羊为生。

出生在五六十年代的那代人，虽然生在新中国，长在红旗下，没有经历过硝烟战火，但是由于新中国成立初期我国的经济水平不高，人民的生活还处在一个很低的水平。

杨姣英记忆中的小时候，贫穷总是如影随形。

1978年，邓小平提出改革开放的政策。那时候，改革开放还只是一个很模糊的概念。但始终想改变自己贫穷现状的杨姣英决心要抓住一些机会。她跟村子里的人打赌，说自己五年之内一定要"发"。

于是，杨姣英开始了卖猪肉的生涯。

这一卖，就是40年。

当时交通不便，设备也不如现在先进，杨姣英每日在诸暨与杭州间往返，就用一根扁担挑着两只麻袋走街串巷卖肉。"因为猪肉品质好，所以很受欢迎。"她依稀记得，20世纪80年代初，猪肉进价才9毛钱一斤，她每天起早贪黑挑到杭州，能卖到一块钱一斤，虽然赚得不多，但生意红火，吃苦也值得。

每天坐上从诸暨到杭州的中巴，一担猪肉一个人。风雨无阻，日复一日，年复一年。

1982年夏天的那场超级大台风，杨姣英依然历历在目。当车子行驶到戴村时，就被台风掀起侧翻滚入了河里。当时很多同行的年轻小姑娘都急哭了，一向坚强的杨姣英咬着牙没有哭，她探出头去喊"救命"。后来在当地戴村村干部的救援下，人和货被一样样的救上岸。由于台风的缘故天已经是漆黑一片，为了能及时把肉送到客户手里，杨姣英咬牙叫了一辆"面的"，那时打车价格很高，打车到杭州就意味着今天的肉白送可能还要贴钱。但是为了诚信，就是亏钱也要把肉送到客户手里。当车子到了杭州卖鱼桥，杨姣英挑着肉准备给客户送的时候，天有不测风云，新鲜的猪肉遭到几个小混混的疯抢，杨姣英忍不住哭了。她说："那些新鲜的猪肉都是我要给客户的啊。"

后来，随着生意越做越大，20世纪80年代中期，杨姣英在杭州文二路农贸市场租了个摊位，省去了往返两地的辛苦。

凌晨两点进猪肉，四点左右开始做准备工作，天蒙蒙亮就有人来买。

每天，她的摊位前都排着长长的队伍，一直要忙到下午才能歇一歇。杨姣英做生意最讲诚信，只卖好猪肉。因此来到这里的客户越来越多，杨姣英的生意也越做越大，几乎每天都能卖掉20多头猪。

杨姣英以"顾客至上、质量第一"为宗旨，在当地颇有名气。当时，杭州市政工业园，警校及众多高校的猪肉配送，都被杨姣英承包了。也正是从那时候起，杨姣英开始与双汇合作，逐渐成为双汇集团诚信合作伙伴。

2009年，杨姣英成立了杭州杨大妈农副产品配送有限公司，前后历经8次搬迁，终于在良渚安溪工业园区站稳脚跟。这里和农副产品物流中心近在咫尺，主营批发、分割、配送、零售冷鲜肉，蔬菜，调料等。

如今，"杨大妈"的规模相比刚成立时增长了数倍，员工人数达到近百人，公司的30多辆配送专车每天都不停地配送。

用诚信打造"杨大妈"品牌

杨大妈农副产品配送如今年产值过亿，配送总量位居浙江省前列。杭城内外百姓经济生活中，频频出现"杨大妈"的品牌身影。

目前，"杨大妈"的上游供应商是国内外知名品牌双汇集团。它能够完成"冷链生产、冷链配送、冷链销售"的全程冷链，跟杨大妈合作可谓是强强联合，而杨大妈有了双汇这一大品牌做后盾，必将输出更安全更新鲜的冷鲜肉。

"冷鲜肉的生产对环境温度和工作场所卫生条件要求非常严格，屠宰加工企业需要达到HACCP（危害分析与关键控制点）的管理水平。近年来，冷鲜肉逐渐成为欧美发达国家的消费主流，在中国市场也方兴未艾，对我们也提出更高操作要求。"

为此，杨姣英近几年来购置了数十台大排机、锯骨机、肉沫机等加工机器。为了保证更好的品质，在必须由机器完成的工作步骤之前，她依然坚持人工分割。"人工更注重细节，若客户需要一两的大排，人工能切好但机器不行。因为大排大小不均，形状不一。虽然机器一晚上能切几千斤肉，但人工分拣的环节必不可少。"杨姣英说。

此外，"杨大妈"还建立了信息化管理系统，通过数据统计每天的进出货物，记录肉类的各项数据，确保从"杨大妈"走出去的肉都是"放心好肉"。

2018年，"杨大妈"全年输送肉类达到了7000吨。2019年，"杨大妈"每天的出货量都保持在30吨以上，维持着强劲的增长势头，不到半年时间就累积了5000多吨，杨姣英很有信心在2019年突破10000吨大关。

而为了适应日益增长的出货需求，配送公司总部已经将车辆从23辆增加到30辆。在杨姣英看来，未来这一数量还会持续增加。

在杨姣英的带领下，公司业务已涵盖农产品种植、肉类分割、净菜加工、农产品冷链配送等领域，客户量连年增长，销售网络已覆盖全杭州市。并为浙江省委党校、浙江大学、武警部队等单位提供配送服务，涵盖杭城各大高校、医院、中小学等。在餐饮企业上，则与楼外楼、新丰小吃等知名餐饮品牌达成了长期合作关系。

"我从事猪肉配送的这40多年，是见证了改革开放的四十年，党的政策好，大环境好，我的生意才能越来越红火。"凭着四十年的积累沉淀，杨大妈家的猪肉已经闻名浙江，成了"高品质、价格实惠"的代名词。目前配送品类涵盖猪肉、蔬菜、水产等，扎根于杭州及整个浙江地区。

用服务创造未来

走进杨大妈农副产品配送公司大厅，迎面就能看到文化墙上印着的12个大字：质量铸就品质，服务创造未来。

在杨姣英的会议室，"杨大妈"多年以来获得的荣誉铺满了整个会议室。ISO9001质量体系认证、HACCP产品安全认证，还有诚信经营示范企业、AAA级守合同重信用企业、G20峰会诚信供应商、杭州市"菜篮子工程"大户……数不尽的沉甸甸荣誉，不仅是简单的称号，更是"杨大妈"品牌成就的证明。

杨大妈农副产品配送，如今已占据浙江省配送总量第一。

从业四十余年，杨姣英最不敢忘的就是食品安全。"牢筑食品安全防线，保障广大人民群众舌尖上的安全，这是'杨大妈'品牌的基本内涵，也是作为供应商必须肩负的使命和职责。"

2017年，"杨大妈"与全国第十三届全国学生运动会达成合作关系。为确保肉品质量安全，杨姣英亲自坐飞机到漯河双汇考察。待肉品经过18道检验完全合格后，她又专门派人将鲜肉送到北京国家体育总局指定检测机构进行检测，同时配合余杭区市场监督管理局到公司进行鲜肉抽检，结果显示"杨大妈"所有批次全部合格。

如今，年近七十的杨姣英依旧冲在农副产品加工、存储、销售的第一线。

这些年，杨姣英专门在公司配备专业的检测人员和检测室，为杜绝食品安全问题，构建起可追溯可监控的科学肉类产业链。"杨大妈"还建立起上千亩的绿色蔬菜种植基地，只为让老百姓吃到最安全的农副产品。

自2018年8月辽宁省出现国内第一例非洲猪瘟以来，我国多个省份发生疫情。受非洲猪瘟疫情和猪周期叠加等因素影响，我国生猪生产持续下滑。农业农村部公布的数据显示，2019年7月份生猪存栏比上月减少9.4%，比去年同期减少32.2%；能繁母猪存栏环比减少8.9%，同比减少31.9%。

由于供应减少，自春节过后，猪肉价格出现了"淡季不淡"的现象，并且呈持续上涨态势。

农业农村部官网显示，7月猪肉价格继续大幅上涨，主要受生猪供需缺口扩大影响。上旬北方多数地区生猪存栏量下滑，供应紧张导致生猪、猪肉价格大幅上涨；中下旬受适重生猪供需缺口扩大、高温天气导致终端消费下滑等因素影响，生猪、猪肉价格高位震荡。

这种增长势头对"杨大妈"来说，并不是一个好消息。2019年七八月，仅仅两个月的时间，猪肉价格上涨导致"杨大妈"亏损300多万元。

"因为签订了长期的配送合同，我们不能也不会无理涨价。虽然现在公司的很多单子基本是亏本的，但这并不影响我们年底1万吨的配送目标，有多少我们就要送多少！"杨姣英说。

用温暖回报社会

当大多数人还在睡梦中的时候，杨姣英已经提前赶到办公室，开始了新一天的工作。

一年365天，除了春节三天，她的日常生活起居几乎都在公司。

如今公司的机器设备、交通运输、公司管理都已实现稳定运作，年近七十的她却从未考虑过放下工作，享受轻松的退休生活。

"工作已经成为我的习惯，是实现梦想的方式，是生活中不可分割的部分。自己一手创办的公司，就好比亲手带大的孩子，儿再大，也时时牵动母亲的心。"

在公司内部，杨姣英更是如家人般对待员工，不仅会关心他们的工作状态，更会在生活方面给予方方面面的关怀。除了逢年过节给员工各种福利，还经常组织员工旅游聚餐。

许多老员工都与杨姣英共事十几年甚至更长时间，在"杨大妈"工作，让大家感受到了家庭般的温暖。

杨姣英有一颗热衷公益的心。

自从2006年来到良渚，杨姣英就坚持和员工一同投身公益事业。杨姣英还将公益融入工作中，把村里一些年纪大找不到工作的村民安排到自己公司，为当地解决了部分再就业问题。

在邻居眼里，杨姣英是出了名的热心肠。

"社会给予我温暖，我更希望将这份温暖回报给社会。"逢年过节，杨姣英都会带领企业员工到敬老院慰问老人，为他们送去"杨大妈"放心肉，并把健康有机的理念传递给他们。"尊老、敬老、爱老是我们中华民族的优秀传统，我会一直把这种精神传承下去。"

淳朴善良的品质不仅融入"杨大妈"的每一位成员心中，更是形成了能够让这家企业血脉相承的传统，为相关产业的企业家起到了榜样示范作用，每月都会有企业家到"杨大妈"参观。

做一次好事不难，难的是坚持做好事。杨姣英的公益事业一做就是十多年，猪肉事业更是四十年如一日的坚守品质。

杨姣英现在最大的愿望是，她希望拥有一块属于自己的土地，建造一个更大、更先进的厂房，让更多的人能吃到她的放心冷鲜肉和绿色蔬菜。

而这，也不仅仅是她一个人的愿望。

在杨姣英的影响下，2017年，杨姣英的孙子杨杭飙从美国留学回国，全身心投入到杨大妈农副产品配送有限公司，担任杨姣英的助理。他一边学习公司管理经验，一边为公司注入新的活力。

也许未来还有很长的路要走，但为了这个愿望，他们愿意一路披荆斩棘，风雨兼程。

公益路上她初心不改，步履不停；事业上不忘初心，砥砺前行。

老来不失凌云志，化作春泥更护花。

END

冉周光

一个人的起点
到万千人的创业平台

冉周光：江西嘉域呈翔电子商务有限公司董事长，江苏溯源信息科技有限公司董事长。

如果把一个人的一生比喻成一副牌的话，冉周光可以说是拿到了一副烂牌，并且这烂牌在他手里攒了很多年。

如今，他不仅创办了自己的电商公司，并与美国最大的电子商务公司亚马逊合作帮助万千人共同创业。与此同时，他公司旗下拥有近600家跨境电商店铺。

曾经，他也在各个领域摸爬滚打多年。

图 ／ 冉周光

冉周光最大的梦想，是成立一个农村扶贫基金会。通过社会、企业家的一些资源做纯公益的项目，不为名不为利，去为那些真正需要帮助的人做一些真正实实在在的事情。

他是大山里走出来的孩子，他极度渴望着为那些因贫穷带给人们的悲哀和无助减少一点，再少一点，并且一直为之努力着。

他也曾在社会的最底层，吃着很多人想象不到的苦，仰望着星空。

罗曼·罗兰说：世界上只有一种真正的英雄主义，那就是在认清生活的真相后依然热爱生活。有时候，英雄主义的光辉并非要光芒万丈，更像是自己的一道光，做自己生活的英雄，是希望、是自觉散发的，更是一种与现实对抗的自信。

冉周光身上，无时无刻不在体现着这种与现实的对抗。

余华在《活着》里说过一句话：活着，在我们中国的词语里充满了力量，他的力量不是来自喊叫，也不是来自进攻，而是忍受，去忍受生命赋予我们的责任，去忍受现实给予我们的苦难、无聊和平庸。

即便手握一张烂牌，也要尽力把它打好

冉周光向来是一个不认命的人。

用当下最时髦的话来讲，若命运不公，那就和它斗到底。冉周光和哪吒也有点相似之处。

他生长在一个偏远的小山村，13岁步入社会，也曾不止一次地被人质疑。血统与运气面前，并不是人人平等。但冉周光却始终不断地追求、进取，让自己强大起来去保护别人始终是他坚持如一的信念。

也正因为这个信念，造就了如今的冉周光。

创业是他一直以来想做的事情，也是他一直想为自己的家乡做的事情。

为了赚钱，他打工、开店、开公司，行业涉及餐饮、工程、酒业、房地产……员工和老板两个角色之间来回切换。

然而收入和付出总是不成正比。

2007—2008年，冉周光承包工厂食堂，恰巧遇到了全球金融危机。经济整体不景气，工厂也面临倒闭的风险。

后来，冉周光又跑到宁波做房产销售。初入房地产，他还是一个什么都不懂的小白，与客户沟通的时候还会紧张，更不要谈什么业绩。

"那个时候，只能比懂的人更努力。"他跟着前辈学习的同时，去看各种销售类书籍，每天大声朗读练习自己的话术。他给自己打鸡血，每天只睡几个小时，像是永动机一样一个人干好几个人的活都不觉得累。

同事们甚至会觉得，"这个小伙子，是疯了吗？"

突然间，好像是这么多年的运气积攒到了一起一股脑全来了。7天，他卖掉了20套房子，可以说是创造了公司里的一个销售神话。

公司老板找他谈话，问他有没有自己带领团队成立分公司的能力，冉周光信誓旦旦，对老板说，"没问题"。于是他很快就被任命为分公司负责人。不负众望，他带领的团队在一年之内为公司创造了二十多亿元的销售业绩，再次创下了公司销售第一的成绩。

然而他却把这些归功于是当时房地产行业比较景气。"这不能算是我的功劳，只能说是因为当时的大环境以及团队成员的共同努力。"

冉周光也一直在陪着公司进步，亲眼看着它从一个小小的公司发展成一个地产集团，而冉周光也从最初的分公司负责人成了集团总裁。

他始终坚信，你想要什么，必须自己去争取。

把握趋势，顺势而为

博尔赫斯在《小径分叉的花园》中表达了一个极酷的理念。你每做出一个选择，你就从一个时空进入了另一个不可逆的时空，而在那个时空里，还会有更多选择在等你。而正是这些选择，让我们变成了不同的人。

让自己成为一个优秀的人，对于冉周光来说，是不够的。

他更想做的是帮助更多的想要成功的人、渴望机会的人共同成长。于是，冉周光离开了那个一直伴随着他成长的地产公司，辞去了总裁职务，在另一个领域从零开始。

"我们是否可以为大家提供一个创业、就业的大平台？我做的事情是否可以为社会创造价值创造财富？这件事是否可以为社会解决难题？"

在冉周光看来，这三个条件是他做事的前提，否则将变得毫无意义。

他从事过健康美容、生态农业，最终选择了跨境电商。

信息技术和经济全球化的发展，在国际贸易中电子商务的地位和作用日益增强，跨境电商已经逐渐演变为我国对外贸易的发展趋势。

"中国是一个生产能力很强的国家，实现国际信息的畅通，让中国产品走向国际，跨境电商是绕不过去的必然结果。跨境电商未来发展趋势是很可观的，还有很长的红利期。"冉周光说，发展方向一定有利于降低交易成本、促进全球贸易便利，为国内居民提升福祉，促进经济长期健康发展。

社会在飞速发展，人与人、人与商品的联系也将随着技术的发展、网络的延伸更加紧密，跨境电商的发展也会顺应潮流，推动社会的进步，想要顺应潮流获得长足发展，就一定要顺势而为。

冉周光无论如何，都要抓住这个机遇。

2018年，他开始筹备自己的跨境电商公司。凭借多年的工作经验以及人脉积累，冉周光招募了强大的管理团队、招商团队、技术团队。团队里的这些人，有上市公司高管、央企高管以及有着七八年工作经验的独立店铺运营团队，可谓是"群英荟萃"。

在做足了准备工作以后，2019年，冉周光正式成立了嘉域呈翔电子商务有限公司，一个专注做跨境电商的企业。短短几个月，通过客户自营和托管经营的方式，他们已经在亚马逊等跨境电商平台上注册了五六百家店铺。

冉周光想要的，远不止于此。

他有更加宏伟的目标，现在还仅仅是一个开始。

创业者，必须有情怀

资金缺乏、资源信息等匮乏，曾经是冉周光创业的一大阻碍。"那些刚刚毕业的大学生，或者是想创业却没有资金以及资源支持的人，帮助他们创业是我的梦想。"

给万千创业者提供舞台，是冉周光的人生格言。

创业无非就三个出发点，一种是为钱、一种是为兴趣、一种是为价值，冉周光明显属于后者。他是出于理性的，有持久动力的。他觉得，创业者，必须要有情怀。这种情怀，可以支撑着你去不断地创造、追求、进取。

越来越多的人看到电商的红利都愿跻身于此，希望可以从中分一杯羹。似乎所有投身电商事业的人都成功了，可是越来越多的人做了以后才发现事实并非如此。

"我们看到的，只是那些成功人士的成功，然而成功的背后还有许许多多我们看不到的那些没有成功的人，这就是所谓的幸存者偏差理论。"再周光要做的，就是解决个体开店难的情况。客户可以自营也可以交由他们托管经营，他们为客户提供服务、技术、管理等方面的支持。

与此同时，通过大数据分析，了解消费者的喜好及需求，根据这些喜好和需求及时更新店铺产品，更好的服务店铺，服务客户。

"未来一定是大数据的时代。"

成熟的跨境电商最大的营运成本应该是营运IT的零碎、物流的零碎、办理的零碎。当营业规模化后，跨境电商需求推动营运自动化、营业规模化。要自动化、规模化，这个是电商最根本的DNA。要自动化，要善用IT，要善用数据。

企业资源整合是必然趋势，"这个时代一定是英雄聚义的年代"。

所有的结果都源于你的内心

善良，有担当，重情分，是再周光的特质。他身边的很多朋友，几乎都是被他身上的特质吸引来的。

"他是一个有梦想的人，在生活中很有激情。他有缜密的逻辑思维以及自己独特的见解，从他的身上，我可以学到很多东西。"

"和他交朋友，你可以从内心获得踏实。"

这是再周光的合伙人对他的评价。

冉周光觉得，自己需要学习的东西还有很多。尤其是从那些优秀的企业家身上，更能汲取养分。

马云、任正非是冉周光最欣赏的两位企业家。

在他看来，任正非是务实，马云是智慧。

"也许很多人的成功是偶然的，但他们的成功却是必然的。因为他们明确地知道，自己想要的到底是什么。"

冉周光认为，一个公司若想走得长远，选择就很重要。电商法和跨境电商系列新政的出台将进一步规范中国跨境电商市场，提升市场整体品质，促进跨境电商行业健康发展。同时全球化趋势，消费升级将推动中国跨境电商交易规模持续增长。

其次，就是坚定你的选择。

"你要知道自己到底要做什么，你要有明确的定位，长远的布局才能走得更长远。"

也许未来，冉周光还有很长的路要走，可是他认定的事情，就是要一路走到底的。用他自己的话说，"我不达目的是绝对不会放弃的。"别人是不撞南墙不回头，可他即便撞了南墙也许都不会回头。

但愿我们都有一腔赤诚，愿未来所向披靡。

END

CHUANGYEZHILU

魏辉华

源于好奇，忠于坚持

魏辉华：杭州诚旗自动门控有限公司董事长。

　　《只做没把握的事》一书中有这样一句话：所谓十拿九稳的事情，往往是获得回报最少的事情。要做，就去做那些没把握的事——你觉得没把握，别人同样觉得没把握。但是你做了，就有成功的可能……

图 / 魏辉华

　　这句话放在魏辉华身上，再贴切不过了。

　　把好奇心转化为自己的事业，并坚持为之奋斗20余年，是魏辉华创业近20年以来的真实写照。果敢，是他的代名词。

　　在很多人都还只是对自动门好奇的时候，他已经开始寻找优质的代理商；

　　在杭州还没有一家专卖自动门的店铺的时候，他开了第一家自动门专卖店；

在自动门生意越来越多人涉足的时候，他已经和政府、银行、写字楼、酒店、房地产等多个行业单位建立了合作关系，客户遍布整个浙江省……他的公司，成了行业中绕不过去的一个名字。

人们常说，机会都是留给有准备的人。但魏辉华始终认为，机会，从来都是自己去主动发现的。然后，还要看你有没有那个胆识去做。

起点，源于好奇

也许所有的男孩子心中，都装有一个探索未知的好奇心。

魏辉华也不例外。

出于男生对机械、速度和科技与生俱来的天性使然，他喜欢摆弄电子设备，对一切关于科技的事物都充满好奇心。

这种好奇心，也驱动着魏辉华不断地进步。

1999年，所有人都在等待着"千禧之年"的到来。

那一年，是跨世纪的一年。

澳门回归，中国人民在完成祖国统一大业中又迈出重要的一步。马云用东拼西凑的50万元创办了阿里巴巴；李彦宏从硅谷回国，创办了百度公司……

对于魏辉华来说，1999年，是一个全新的起点。

那一年，刚刚大学毕业的他和朋友们的毕业旅行选择了当时的国际化大都市——上海。也是在上海，魏辉华第一次接触到了自动门。那也是他第一次意识到"自动门"这种事物的存在。

时隔多年，魏辉华依然记得与自动门的第一次"相遇"……

他经过商场的时候，门突然自动开了，就像是电视剧中的神奇魔法一样。他充满好奇而又小心翼翼地通过那扇门走进商场，似乎是走进了一个新世界的大门……待到他走过去以后门又自动关上了，再有人过来的时候门又会自动打开，就这样，他像个懵懂的孩子一样站在那里看着那扇"带有魔法"的门开开合合了好几次……

电子信息专业出身的魏辉华当然知道，这不是什么神奇的魔法，这是源自科技的力量。

上海的朋友告诉他，这是自动门。魏辉华一下子就来了兴趣。

20世纪70年代后期中国开始使用自动门。那个时候，中日青年友好交流中心、中日友好医院和北京饭店新楼项目由日方要求整体进口日本的自动门，自此开始了中国自动门发展的源头。20世纪80年代，欧洲的知名品牌自动门开始通过香港进入大陆市场。

但是，那时候自动门的应用还只是运用于少部分地区和建筑，还未大面积普及。直至十多年前，越来越多的自动门才开始应用在酒店、机场、购物中心、银行、写字楼等大中型公共场所。

随着中国城市化发展进入新阶段，魏辉华隐约觉得，中国的自动门市场即将迎来它的蓬勃发展时期。

人只做有把握的事，又怎么见识未知的力量

"那时候做这个行业的人很少，然而需求量却是很大的。"

　　刚刚毕业的魏辉华，身上总有着一股"初生牛犊不怕虎"的闯劲。他觉得上海之行与自动门的"相遇"似乎是冥冥之中的，他想做，他要做。"至于会不会失败，总要做了再说。"

　　带着这种想法，魏辉华决定投身自动门事业。

　　他开始去搜集自动门的相关资料，了解自动门的运行原理。当时，中国还少有自主研发自动门的企业，而欧美等国家在这方面已经相当成熟。市场上很多自动门都是代理国外的品牌进行售卖。

　　魏辉华跑遍了当时在中国比较有名的几家品牌代理商，通过产品性能、质量、售后服务等几个方面综合考量之后选择了其中一家欧洲的品牌代理销售。

　　2000年，万事俱备以后，魏辉华选择了杭州作为自己新的起点。

　　那时候杭州很少有公司或者店铺专做自动门销售。在杭州的一个建材市场，魏辉华开了自己的第一家店铺，专卖自动门。他的店铺也是当时第一家专卖自动门的店铺。就这样，他成了当地市场上第一个吃螃蟹的人。

　　数千年来，门一直作为人类社会活动的守护神，拒侵入者于门外，而作为人类社会活动的航道，门又承载着文明，追寻着人们向往的光辉彼岸。人类对文明的渴望是无穷尽的。从古埃及到古罗马到今天的现代社会，都可以见到门迈动的足迹。

　　在建材市场，最不缺的应该就是"门"了。

　　然而，更多的人做生意都讲究一个"稳"字。或者说，大家更乐于去做自己有把握的事情。那些看得见摸得着的东西，更能给人们带来足够的安全感。对于刚刚兴起的自动门，不少店铺都是在做自己主业的同时"捎带脚"

的做一下自动门业务。毕竟那个时候，自动门的应用还不如现在广泛。

这也在无形之中给了魏辉华更多的机会。

魏辉华坚信，中国的自动门市场一定会势如破竹般席卷而来。而他需要做的，就是静静等待这个时机的到来。在这个时机来临之前，他要让自己站稳脚跟。

生命之路只在于两条：一是选择，二是坚持

《穷查理宝典》一书中告诉我们：要做正确的事情，做个聪明的人，有智慧的人，做一种最简单的选择就是最好的选择。

对于魏辉华来说，从事自动门的代理与销售，就是正确的事情。

生意刚刚起步的时候，出乎魏辉华意料的好。他的自动门专卖店在整个建材市场格外引人注目。

不少来市场采购东西的买家看到他这家店铺多多少少都会进来看一眼。

起初，店铺里只有魏辉华一个人，他既要给自己当老板又要给自己当销售。"那个时候我基本上不需要做任何宣传，都是客户主动找上门来的。"

凡是有客人上门，魏辉华都会主动给大家讲解自动门的应用与未来的广阔市场前景，推销自己代理的产品。久而久之，大家就都知道了这里有一家专卖自动门的店铺，店铺老板是个年轻能干的小伙子。

业务自然而然地就这么上门了。

除了杭州本地客户，杭州周边城市的客户也越来越多。

那时，魏辉华店铺的主营业务还是销售与安装一体化。

21世纪初的交通不像现在这样发达，没有动车更没有高铁，从杭州到温州只能坐大巴，一坐就是十几个小时。

遇上杭州市以外的订单，为了节省时间提高工作效率，魏辉华通常是先把物件通过物流运过去，然后在当天晚上和安装工人们坐大巴出发，第二天白天刚好可以赶到客户那里安装，安装好当晚赶回杭州。

就这么日夜兼程，循环往复了好几年。大巴车都快成了魏辉华的第二张"床"。他笑说，好像那几年把这辈子要坐的大巴车都给坐够了。

随着社会的进步，交通逐步发达起来，人民的生活水平也有了更大的提升。经过前期的客户积累，魏辉华的自动门生意更是做得红红火火，单子源源不断。

2006年，魏辉华正式注册成立了杭州诚旗自动门控有限公司。他也终不再是一个人孤军奋战，公司成立初期魏辉华已经组建了自己的运营团队。公司的主营业务也从最开始的自动门销售安装一体化逐渐扩展到门禁系统等更加丰富的销售服务业务。

实实在在做事情，才会从内心感到踏实

魏辉华总是说，自己是"农民的孩子"。父母是老实本分的农民，也不会跟他讲什么大道理，最常跟他讲的一句话就是：不能做亏心事。他一直觉得，实实在在地做事情，才会让他从内心感到真实的踏实。

踏实的另一个来源，是不断地学习。魏辉华喜欢读书，读各种商业类的书籍。他的办公室有一个很大的书架，书架上摆满了各种各样的书籍。

"不能成为巨人，那就站在巨人的肩膀上。"他觉得身为企业的领头

人，不能是一个守旧的人，思想要跟上时代的进步。

这种进步，还体现在对团队的管理上。

昔日的团队只有二十人，大家像是朋友一样。而如今，魏辉华要管理上百人的团队。所以，他非常注重团队的培养。让每一个员工各尽其能的同时增加大家的凝聚力。"一个人做不好的事情，一个团队可以，专业的人做专业的事情。"魏辉华说。

即便已经从当初的小伙子变成了大家口中的"魏总"，魏辉华依然有着农民孩子般的朴实。对于代理产品的选择，他有自己严格的挑选原则。

"我没有什么优势，无非就是比别人提早了一点，多走了一段路。始终坚持初心罢了。"他说。

从好奇到兴趣，又从兴趣到自己的事业，这条路，他从未怀疑地坚持走了很多年。

从2000年到2006年，又从2006年到2019年，再到更以后的未知。他一路走来，似乎是一帆风顺，毕竟成功的路上其实一点也不拥挤，因为可以一直坚持的人并不多。

END